Gundi Herget

Glücksorte in Tirol

Fahr hin & werd glücklich

Dieses

Glücksbuch

ist für

Liebe Glücksuchende,

manchmal beneide ich mich sozusagen selbst: Seit einem Umzug vor ein paar Jahren bin ich in einer guten Stunde in Tirol – mit dem Fahrrad! Mit dem Zug dauert es eine halbe Stunde bis Kufstein, etwas mehr als eine Stunde bis Innsbruck. Seither fahre ich ständig nach Tirol und entdecke jedes Mal etwas Neues. Und so war die größte Herausforderung beim Schreiben, aus all den schönen Ecken, besonderen Orten und Erlebnissen nur 80 auszuwählen. 80! Wo es doch 800 gibt, 8000 … na ja, einfach sehr, sehr viele. Die Auswahl ist entsprechend subjektiv, dabei aber äußerst sorgfältig getroffen worden, um der Vielfalt und dem Reichtum Tirols irgendwie gerecht zu werden, vom Alpenzoo bis zum Zirbensee und von der Bergachterbahn bis zum Wilden Kaiser. Und eins gehört auch noch gesagt: Tirol wäre, so schön es ist, nur halb so schön ohne die Tiroler. Die sind auch besonders: gastfreundlich und großzügig, herzlich und hilfsbereit, dabei immer entspannt und hemdsärmelig. Und oft so begeistert von ihrer eigenen Region, dass es ansteckend ist, zumal diese Begeisterung auch gern mit den Gästen geteilt wird. Lassen Sie sich anstecken. Es lohnt sich!

Ihre Gundi Herget

GLÜCK

Deine Glücksorte ...

... noch mehr Glück für dich

Frühstück mit Aussicht

1

Zu Besuch auf der Bergisel Schanze in Innsbruck

Wie ein überdimensionaler Außerirdischer, der nach erfolgreicher Landung neugierig seinen Stahlkopf über die Baumwipfel schiebt, ragt der riesige Glas-und-Stahl-Kopf der Bergisel Schanze am Rand von Innsbruck auf. Die Star-Architektin Zaha Hadid hat den Turm zwar schon 2002 gebaut, ein wenig futuristisch wirkt er aber auch heute noch, jedenfalls von Weitem. Ihn von Nahem kennenzulernen, lohnt sich aber auch.

Hinauf geht es in zwei Varianten: entweder sportlich zu Fuß die 455 Stufen vom östlichen Stadioneingang aus oder, bequemer und schneller, mit dem Schrägaufzug in wenigen Minuten. Oben angekommen, darf man nicht versäumen, sich an den Startpunkt der Skispringer zu stellen und das leichte Bauchflimmern zu spüren, das sich unweigerlich einstellt bei der Vorstellung, diese schwindelerregende Steilheit hinabzugleiten, nur um am anderen Ende wieder in die Luft zu schießen. Solche Draufgänger, diese Skispringer!

So steil, dass den Besuchern der Appetit vergehen könnte, ist der Anblick aber dann doch nicht, und das ist auch gut so. Schließlich befindet sich hier oben das Restaurant Bergisel Sky mit seiner raumhohen Rundumverglasung und seinem Blick auf ganz Innsbruck, das Inntal und den Gebirgszug Nordkette genau gegenüber. Mehr Aussicht geht nicht! Mehr Frühstück auch nicht: Täglich von 9 bis 12 Uhr wird das hier angeboten, und zwar üppig. Das ist dann auch der Höhepunkt des Besuchs, jedenfalls für Frühstücksliebhaber, die hier garantiert glücklich werden: Kaffee, Tee oder heiße Schokolade, Brot und verschiedenes Gebäck, süße und salzige Aufstriche und andere Frühstücksbasics stehen immer bereit. Eierspeisen und Obstsalat, Weißwürste, Lachs und andere Köstlichkeiten können nach Belieben frisch dazu bestellt werden. Man kann sagen, das Bergisel Sky ist ein leckerer Glücksort für alle, die gern langsam und genießerisch in den Tag starten. Abgehobene Gefühle inklusive.

TIPP

Für Frühstücksmuffel: Im Bergisel Sky gibt es bis 17 Uhr Salate, Pasta, Gulasch, Dessert und mehr.

- Bergisel Schanze, Bergiselweg 3, 6020 Innsbruck, Tel. +43 (512) 58 92 59 www.bergisel.info
- ÖPNV: Stubaitalbahn (ca. 7 Minuten Fußweg), Bus 590b, Haltestelle Natters Natterer Auffahrt (ca. 15 Minuten Fußweg)

Fahrt ins Grün-Blaue

2

Mit dem Schiff auf dem Achensee

Natürlich könnte man auch wandern. Aber auf dem Schiff sitzen und immer wieder neue Perspektiven vom Wasser aus zu erleben, ist so schön und entspannend, dass am Ende nur die guten Vorsätze schnell über Bord gehen, nicht man selbst. Sowieso lässt sich die schiere Größe des fjordähnlichen, 9 Kilometer langen, schmalen Achensees am besten bootfahrend erfassen. Und manches ist vom Schiff aus einfach am wirkungsvollsten, zum Beispiel die sich langsam ins Bild schiebenden, bis in den Hochsommer hinein schneebedeckten hohen Gipfel, die Unmengen das Wasser sprenkelnden Tretboote, Stand-up-Paddler und Segelschiffe ringsum. Und die immer wieder neuen Farben des Sees! Berggrün, Dunkelgrün, Tiefgrün, Smaragdgrün, Grünblau, Türkis, Karibikblau und noch ein paar mehr Farbtöne je nach Wetter, Lichteinfall und Standort. Dazu, bei schönem Wetter, fröhliches Sonnengeglitzer auf der Wasseroberfläche, alles umrahmt von Grüntönen an den bewaldeten Hängen, je nach Jahreszeit ein lindes Maigrün, ein sattes Sommergrün oder auch ein leuchtendes Herbstgoldrot dazwischen.

Und wer kennt nicht diese Ausflugsboote, bei denen zwar die Szenerie herausragend ist, Essen und Service aber maximal mittelmäßig sind, mit schlechtem Kaffee aus Plastikbechern und überteuerten Schokoriegeln, und wo man sich den Gang aufs Klo sicherheitshalber verkneift? Aber nicht hier! Die Achensee-Schiffe sind die Edel-Variante des Ausflugsschiffes: gepflegte, saubere Toiletten mit Holzvertäfelung, Getränke im Glas in netter Auswahl mit Cola, Fanta, Bier, Weinschorle, schmucke, ausgesprochen freundliche Kapitäne und andere Mitarbeiter in weißen Hemden. Sitzen und schauen ist auf dem Achensee also besonders schön, und wandern geht man dann eben ein anderes Mal. Zum Beispiel zur Gaisalm, die einen schönen Wintergarten und Tiroler Schmankerl zu bieten hat. Sie befindet sich in toller Alleinlage am Westufer und ist nur zu Fuß oder mit dem Schiff zu erreichen, denn auf dieser Seite gibt es keine Straße.

TIPP

Nicht nur an Schlechtwettertagen ein Genuss ist das Atoll Achensee mit Panoramabad und SPA.

● Achenseeschiffahrt-GesmbH, Seepromenade 36, 6213 Pertisau, Tel. +43 (52 43) 52 53, www.tirolschiffahrt.com

Frischluftfreuden

3 Bewegung für alle im Motorikpark Kufstein

Bewegung macht glücklich, das weiß jeder. Besonders glücklich macht Bewegung an der frischen Luft, und wenn die wie im Motorikpark Kufstein auch noch in schöner Natur stattfindet und mit Turn-, Kletter- und Balancierspaß bei freiem Eintritt verbunden ist, kommt man glatt ins Jubeln. Spätestens dann, wenn man, je nach sportlichem Level und Ehrgeiz, diese eine wackelige Balancierstange endlich gemeistert hat – oder vielleicht sogar die ganze kniffelige Strecke. Aber keine Sorge: Auch ganz und gar unsportliche Bewegungsmuffel mit nur rudimentär ausgebildetem Gleichgewichtssinn können die schöne Anlage genießen und sich an einer der vielen, unterschiedlich schwierigen Stationen ein Erfolgserlebnis holen. Entwickelt hat das kreative – und übrigens kostenlose – Trainingsvergnügen der Linzer Sportwissenschaftler Dr. Roland Werthner, der sich hochprofessionelle sportwissenschaftliche Gedanken gemacht hat, damit die 33 Übungsplätze für Menschen aller Altersstufen und Fitnesslevels geeignet sind.

TIPP

Auf YouTube gibt es unter „Motorikpark Kufstein" Anleitungsvideos für die Stationen.

Der Motorikpark liegt am südöstlichen Stadtrand, am Waldrand und am Rand des Naturschutzgebiets Wilder Kaiser. Vom Zentrum aus ist es etwa eine Viertelstunde zu Fuß; wer mit dem Auto kommt, findet ausreichend Parkplätze direkt am Park oder am Straßenrand. Und dann geht es los, zum Beispiel mit ein paar Wackel- und Balanciergeräten oder dem Barfußpfad. Wer mag, tut gleich noch etwas für die Gefäße und steigt im Storchengang durch das Kneipp-Becken. Dann einfach dem Weg folgen und nach Herzenslust ausprobieren, was sonst noch zusagt: zum Beispiel die Wasserski-Spazierwand, die Kraft- und Dehnoase mit Geräten für alle Muskeln, die Stehseilschaukel, die Geh- und Laufstrecken, das Boden-Spinnennetz oder den Kippstangenslalom.
Besonders ausdauernde Personen, die auch im Bewegungspark noch nicht genug Bewegung hatten, können anschließend bis zum Berghaus Aschenbrenner weiter wandern. Nach circa 2 Stunden und 640 überwundenen Höhenmetern ist man oben und hat eine Portion Kaspressknödel mehr als verdient!

● Motorikpark Kufstein, Pienzenauerstraße 24, 6330 Kufstein

Dreh den Hut!

4 Der Sonnenpanoramahut auf dem Füssener Jöchle

Eine große, spektakuläre Angelegenheit ist dieser Sonnenpanoramahut aus Holz nicht, und so sieht er auch nicht aus, trotz seiner Ausmaße. Bescheiden und unauffällig bietet er am Wegesrand unweit der Bergstation auf dem Füssener Jöchle im Tannheimer Tal seine Sitzplätze an. Sportliche, wanderbegeisterte Menschen mit ausreichend Kondition steigen die 700 Höhenmeter in etwa 2 Stunden wahrscheinlich eher zu Fuß hinauf. Wer sich gemütlich in der Achter-Kabine auf die rund 1800 Meter hat hinauftragen lassen, muss sich zwar anschließend nicht unbedingt ausruhen, auf der Hutkrempe Platz zu nehmen lohnt sich aber auch ohne Ausruhbedarf. Denn der Hut ist nicht einfach nur eine originell gestaltete Sitzbank, sondern hat eine ganz besondere Eigenschaft: Er kann sich drehen. Allerdings nicht von allein, man muss schon anschieben. Am besten geht das zu mehreren, und so lädt der drehbare Hut zum gemeinsamen Vergnügen ein, auch mit Fremden, die hier genauso ins Lachen und, etwas Ehrgeiz beim Drehen vorausgesetzt, auch ins Schnaufen kommen und vielleicht ein kleines Kräftemessen starten, wer den Hut am schnellsten und unter geringstem Ächzen zum Laufen bringt. Das macht Spaß, schafft Verbindung untereinander, und wer lieber nur sitzen und schauen will, der wird auch nicht ausgeschimpft, sondern darf das per kollektiver Muskelkraft gelieferte Rundum-Panorama in aller Gemütlichkeit genießen.

TIPP
Vom Hut ist es nur ein kurzer Fußweg zum Gamskopf mit dem „Panoramainformator".

An klaren Tagen sieht man Richtung Norden weit nach Bayern hinein, ins Allgäu zum Forggensee und zu den anderen, kleineren Allgäuer Seen im Königswinkel, wo Schloss Neuschwanstein steht. In der anderen Richtung schweift der Blick, sozusagen im Hutumdrehen, über jede Menge Gebirge, von den Allgäuer Hochalpen über die Lechtaler Alpen bis zum Wettersteingebirge. Oder vielleicht sollte man eher sagen, der Blick wird geschweift, jedenfalls dann, wenn man gerade nicht mit Drehen, sondern mit Sitzen dran ist.

- Bergbahn zum Sonnenpanoramahut, Sonnenbergbahnen Grän, Füssener-Jöchle-Straße 8, 6673 Grän, Tel. +43 (56 75) 63 63, www.lifte-graen.com
- ÖPNV: Bus 120, 122, Haltestelle Grän Schachenlift

Glücksort zum Mitnehmen

5

Schuhe kaufen im Giesswein Outlet in Kössen

Frauen kaufen immer Schuhe – an dem Klischee ist sogar etwas dran. Als das Statistische Bundesamt im Jahr 2017 einmal nachzählte, kam es zu dem Ergebnis, dass für Damenschuhe rund doppelt so viel Geld ausgegeben wird wie für Herrenschuhe. Und die Datenplattform Statista.de weiß, dass Frauen im Durchschnitt doppelt so viele Schuhe besitzen wie Männer. Bei Kleidung verhält es sich ähnlich.

Aber egal ob Frau oder Mann, wer sich für hochwertige Schuhe und auch Kleidung interessiert, die zudem in hellen, ansprechenden Läden präsentiert werden, sollte mal einen Abstecher in das Giesswein-Outlet in Kössen machen – Moment! Giesswein? Ernsthaft? Der – vermeintlich – etwas angestaubte Hersteller von Filzpantoffeln und anderen spießigen Hausschuhen für langweilige Leute mit Schnupfenangst? Ja, genau der. Das Familienunternehmen in dritter Generation ist nämlich längst mit der Zeit gegangen, das hat nur noch nicht jeder gemerkt. Seit einigen Jahren gibt es neben braven Pantoffeln auch richtig hippe Sneaker in allen möglichen Farben von dezent Grau bis Knallgelb, Sportschuhe zum Joggen oder zum Wandern und sogar vegane Schuhe aus Eukalyptusfasern oder Kaktusleder. Schwerpunkt ist aber nach wie vor die Merinowolle, und das ist auch das Besondere an den Schuhen: Mit Ausnahme der veganen Linien sind sie alle aus Merinowolle, und das hat, wie die Verkäuferinnen glaubhaft versichern, tatsächlich viele Vorteile: Wolle ist atmungsaktiv, das heißt, man schwitzt nicht so schnell. Im Gegenteil, die Wolle neutralisiert sogar Gerüche – ein unschlagbarer Vorteil bei Schuhen aus diesem Material. Und wenn Schafe auch bei starkem Regen seelenruhig auf der Weide stehen, dann liegt das daran, dass ihre Wolle wasserabweisend ist, was auch nach der Weiterverarbeitung gilt. Und noch ein Vorteil: Die Schuhe können im Sommer barfuß getragen werden. Egal ob der Tag warm oder eher kühl ist: Die Füße bleiben warm und trocken. Und bequem sind sie auch noch, denn Wolle passt sich an. Wollschuhe, ein Glücksort zum Mitnehmen.

TIPP

Hochwertige Unterwäsche gibt es direkt daneben beim Schiesser Outlet Store.

- Flagshipstore Kössen, Klobensteinerstraße 21, 6345 Kössen
  www.giesswein.com
- ÖPNV: Bus 4000, 4030, Haltestelle Kössen VZ Kaiserwinkl

Ein Blumenmärchen

6 Zu Besuch im Frauenschuhgebiet

Viel Zeit bleibt nicht: Gerade mal von Mitte Mai bis Mitte Juni ist Gelegenheit, die seltene und sensible Orchideenart im Naturpark Tiroler Lech zu besuchen. Und zu bewundern, bitte schön. Weil ein Frauenschuh nicht gern alleine wächst, ragen hier Hunderte, sogar Tausende leuchtend gelb-roter, exotisch wirkender Köpfe neugierig aus dem Grün, als wollten sie mal gucken, wie viele Fans heute wieder gekommen sind. Sittsam und bescheiden wie seinerzeit das Veilchen im Moose – erinnert sich noch jemand an den Poesiealbumspruch? – wirken sie dabei nicht gerade, eher keck, dabei sehr anrührend und fast ein wenig märchenhaft. Wie schön, dieser besonderen Blume begegnen zu dürfen, die als gefährdet gilt, auf der Roten Liste geschützter Arten steht und besondere Voraussetzungen braucht, um gedeihen zu können: Halbschatten, Kalkboden, einen bestimmten Pilz.

In den Lechauen bei Martinau sind diese Voraussetzungen erfüllt; hier liegt Europas größtes zusammenhängendes Frauenschuhgebiet. Drei Rundwege von insgesamt 450 Metern Länge führen hindurch – ein kurzer, aber eindrucksvoller Spaziergang. Denn auch wenn es auf den ersten Blick immer dasselbe zu sehen gibt, kann man sich doch nicht sattsehen am Anblick dieser gleichzeitig vorwitzig und zart wirkenden Pflanzengeschöpfe. Eins mitzunehmen, um es im eigenen Garten einzupflanzen, ist streng verboten und hätte auch gar keinen Sinn: Der Frauenschuh lebt in Symbiose mit einem speziellen Wurzelpilz der Gattung Rhizoctonia. Wo der nicht vorkommt, geht sie ein. Und das ist nicht das einzige eingebaute Special: Der gelbe Teil der Blüte ist eine Insektenfalle, aber eine harmlose, die ihren Gefangenen nichts tut. Die gelbe Färbung der schuhförmigen Lippe soll die Insekten anlocken, die sich am Rand niederlassen und hineinfallen. Nur ein enger Ausgang am hinteren Ende der Blüte führt wieder hinaus. Wenn das Insekt dort hindurchschlüpft, wird bereits mitgebrachter Pollen abgestreift und neuer aufgenommen. So verteilen ihn fleißige Bienchen, und nicht nur die, in der Natur. Außen hui, innen auch hui – das passt zum Frauenschuh.

TIPP

Gleich beim Frauenschuhgebiet befindet sich das hübsche kleine Naturerlebnisbad Badino.

- Frauenschuhgebiet Martinauer Au, 6644 Elmen
- ÖPNV: Bus 110, Haltestelle Vorderhornbach GH Kreuz

Gipfel mit James Bond

7 Auf dem Gaislachkogel

Die Fahrt mit der futuristischen Gaislachkogelbahn auf 3040 Meter, die spektakuläre Aussicht auf die dramatische Landschaft der Ötztaler Alpen, bei guter Fernsicht bis weit nach Italien, im Sommer auch auf den herzförmigen Gaislacher See und im Winter auf die weitläufigen Skipisten – das allein sind schon völlig überzeugende Höhepunkte und verdiente Gründe für ein Kapitel in diesem Buch. Aber es gibt noch zwei Gründe mehr: zum einen das Restaurant „Ice Q" mit seiner riesigen, modernen Glasfassade und der großen Sonnenterrasse. Hier gibt es keine Hüttenkost, sondern gehobene, kreative Gourmetküche: Das „Ice Q" hat sogar zwei Hauben, die österreichische Auszeichnung für Spitzenküche. Das hat zwar seinen Preis, ist dafür aber hervorragend. Zum anderen gibt es direkt nebenan das „007 Elements", die Ausstellung mit dem wahrscheinlich höchsten Coolness-Faktor Tirols. Allein schon, weil sich alles um James Bond dreht, der ja auch der Filmwelt-Agent mit dem höchsten Coolness-Faktor ist, der Held mit den schnellsten Autos, den schönsten Frauen, den lässigsten Sprüchen, dem charmantesten Stil, den bösesten Gegnern und jeder Menge abgefahrener Hightech. Und seit 2018 auch mit einer eigenen Ausstellung mit Filmszenen, Installationen, Originalrequisiten und mehr, hoch oben auf 3000 Metern.

Dass genau der Gaislachkogel für den Bau dieser James-Bond-Welt ausgewählt wurde, hat natürlich seinen Grund: Hier oben wurde ein Teil des 24. Bond-Films gedreht. Sowohl das Restaurant „Ice Q" direkt neben dem Museum als auch die Mittelstation der Gaislachkogelbahn sowie die Bahn selbst, die Ötztaler Gletscherstraße und der Tunnel zwischen Rettenbach- und Tiefenbachferner kamen 2015 in „Spectre" zu Ehren. Die neun unterschiedlichen Ausstellungsräume sind auf zwei Etagen tief in den Berg hineingebaut und haben etwas von geheimen Bunkern, aber mit einem angemessen actiongeladenen Ausblick nach draußen am Ende des Rundgangs, der hier nicht verraten werden soll.

- Gaislachkogel, Bergbahnen Sölden, Dorfstraße 115, 6450 Sölden, Tel. +43 (52 54) 50 80, www.007elements.soelden.com, www.iceq.at
- ÖPNV: Bus 44, 50, 4194, 8352, 8400, Haltestelle Sölden Gaislachkogelbahn

Schneeschwips

8 Langlaufen und Winterwandern in Niederthai

Diese versteckte Wintermärchenlandschaft macht all denjenigen Freude, die zwar Schnee, Kälte und Bewegung lieben, nicht aber die große Alpinskisause, den Massenbetrieb, die Wintersport-Rummelplätze, in die sich viele Orte in den Alpen dann verwandeln. Wer es lieber ruhig, naturnah und ein wenig familiär hat, fährt nach Niederthai, lächelt über den gigantischen, freundlichen Schneemann, der jedes Jahr beim Langlaufzentrum die präparierten Wege und Loipen überblickt, und winterwandert oder skilangläuft sich glücklich. Die Wege und Loipen verlaufen kreuz und quer, hügelauf, hügelab durch die abwechslungsreiche, sanft geschwungene Berglandschaft des Sonnenplateaus. Letzteres, also Sonnenplateau, nennt sich Niederthai übrigens nicht nur, weil es gut klingt, sondern auch, weil die Sonne den Ort aufgrund der Lage auf 1540 Metern Höhe tatsächlich länger bescheint als andere Orte im Ötztal.

Aber zurück zum Wintersportglück: Die 17 Loipen in drei Schwierigkeitsstufen eignen sich für Skating und klassisches Langlaufen und sind alle kostenlos. Zwei von ihnen sind abends bis 21 Uhr beleuchtet. Zweimal die Woche, immer donnerstags und sonntags von 13 bis 15 Uhr, findet für kleines Geld ein Schnupper-Biathlon mit professioneller Betreuung statt; geschossen wird an der Laserschießanlage. Wer gern vorgegebene Pfade verlässt, wandert mit Schneeschuhen abseits der Wanderwege, aus Sicherheitsgründen am besten bei einer Tour, die man in der Tourismusinformation buchen kann. Aber egal, welche Bewegungsform es in dieser weißen Winterlandschaft wird – vielleicht auch verschiedene –, die Kombination aus Schnee, Wintersonne, frischer Luft und Berglandschaft setzt so viele Glückshormone frei, dass man sich glatt ein bisschen berauscht fühlt. Der Winter-Sonnen-Schnee-Schwips macht aber garantiert keinen Kater, außer vielleicht ein wenig Muskelkater am nächsten Morgen. Und am Abend zuvor eine angenehme Bettschwere.

● Ötztal Tourismus – Information Niederthai, Niederthai 50, 6441 Umhausen, Tel. +43 (5 72 00) 4 00
● www.umhausen.com

Wandern mit Wunder

9 Schmugglerpfad Kössen nach Maria Klobenstein

Wandern auf historischen Pfaden: Der Schmugglerpfad entlang der Tiroler Ache war schon in der Bronzezeit ein wichtiger Handelsweg für Kupfer und Bronze, und im Mittelalter wurden hier Wein und Salz transportiert. Seinen abenteuerlichen Namen aber bekam der Weg erst nach dem Zweiten Weltkrieg, als Kaffee und Zigaretten, Rum und sogar Käselaibe heimlich über die Grenze gebracht wurden. Heute ist er einfach bestens für einen besonders schönen und gemütlichen Waldspaziergang den rauschenden Fluss entlang geeignet.
Nach gut einer Stunde geht es ein kurzes Stück steil bergab, dann ist durch die Bäume schon die schmale Hängebrücke über die Entenlochklamm zu sehen. Am gegenüberliegenden Ufer wartet ein kleiner Sand-Kies-Strand. Wer vom Laufen heiße Füße bekommen hat, kann diese jetzt kühlen und den Rafting-Booten zusehen, die hier manchmal einen Zwischenstopp einlegen, bevor sie durch die engste Stelle der Entenlochklamm fahren. Nach dieser erfrischenden Pause geht es ein Stück bergauf zum Wallfahrtsort. Die Legende erzählt, dass einst eine Frau – je nach Quelle eine Bäuerin oder eine fromme Alte – hier langging und durch einen herabstürzenden Felsen in große Gefahr geriet. In ihrer Not betete sie zur heiligen Mutter Gottes, und wie es in solchen Geschichten immer zugeht: Sie wurde erhört. Der Fels spaltete sich in zwei Teile, die rechts und links neben der Frau auf die Erde schlugen, sodass ihr nichts geschah. Die gewaltigen Stücke sehen aus wie glatt in der Mitte durchgeschnitten; durch den schmalen Spalt kann man hindurchgehen. Neben ihnen befindet sich eine kleine Kapelle mit einer Wasserquelle und hinter dem Stein die eigentliche Wallfahrtskirche Maria Klobenstein mit einem Altar mit schwarzer Madonna. Und so liefert diese kurze Wanderung gleich mehrere Erlebnisse in einem: ein Naturerlebnis, ein kulturelles und ein spirituelles Erlebnis – und wer sich auf die zweite Hängebrücke etwas weiter nördlich wagt, bekommt noch ein schwindelerregendes, aufregendes Erlebnis dazu: Sie befindet sich in 28 Metern Höhe. Das sind fast zehn Stockwerke.

TIPP

Wer nicht wandern kann oder will, findet oberhalb der Kirche einen Parkplatz an der Klobensteinerstraße.

● Schmugglerpfad, Wanderparkplatz gegenüber der Sportalm Kössen: Erlaustraße 4, 6345 Kössen, www.schmugglerweg.com

Glamping-Sommer-Glück

10

Mietzelt und Schwimmteich am Gerhardhof

Der Gerhardhof qualifiziert sich von Anfang an als sommerlicher Glücksort: die Ruhe, die gute Luft, der Blick auf Bäume und Berge, die herzliche Begrüßung beim Check-in. Der Campingplatz, der außerdem Hotel und Gasthaus zugleich ist, liegt abgelegen-idyllisch am Ende einer Stichstraße durch den Wald mitten auf einer riesigen, sonnenbeschienenen Lichtung und hat auch neun schöne Zimmer.

Noch viel besser und ein wenig wildromantisch wohnt und schläft es sich aber in einem der geschmackvoll-gemütlich eingerichteten Glamping-Zelte, der Ideallösung für alle, die gern den ganzen Tag – und am besten auch die ganze Nacht – draußen in der Natur sind, dabei aber auf den Komfort eines Hotelzimmers nicht verzichten wollen. Voilà, die Glamping-Zelte bieten richtige Betten mit guten Matratzen, bei 30 Quadratmetern außerdem viel Platz und mit Sofa, Polster- und Liegestühlen auf den zum eigenen Zelt gehörenden Holzterrassen auch jede Menge Sitzgelegenheiten für den genussvollen Ausblick auf Bäume und Berge – und auf den großen, grünblauen Schwimmteich, der zweifellos der Höhepunkt des Platzes ist. Mit seiner großen steinernen Umrandung und der dezenten Bepflanzung mit Schilf und Seerosen sieht er nicht nur hübsch aus, es schwimmt sich auch sehr angenehm darin. Das Wasser stammt aus einer Quelle direkt am Hof und wird mit einer Biofilteranlage ganz ohne Chlor und Chemie gereinigt. Auf den Holzstegen rings um den Teich stehen Liegestühle für Entspannungswillige, oder man legt sich zum Trocknen direkt aufs warme Holz. Abends sitzt man dann vor seinem Glampingzelt mit Blick auf Schwimmteich und Sternenhimmel und darf, wenn es ein lauer Abend ist, jederzeit noch einmal eine Runde schwimmen, bevor man sich schließlich ins bequeme, warme Glampingzelt-Bett kuschelt. Sommerglück kann so einfach sein.

TIPP

Sommerglücksmomente liefert auch das Restaurant: gehobene Tiroler Küche, Gastgarten, Grillstation.

● Gerhardhof Sonnenplateau Camping & Gasthaus, Gerhardhof 1, 6413 Wildermieming, Tel. +43 (52 64) 52 40, www.gerhardhof.com
● ÖPNV: Bus 5176, Haltestelle Wildermieming Abzw. Gerhardhof

SCHAFE
Aussichten

Tempospaß

11 Fahrt mit der Bergachterbahn in Fieberbrunn

Die Hangabtriebskraft ist nicht nur ein physikalisches Gesetz, sondern bisweilen auch eine vergnügliche Sache, sorgt sie doch für allerhand temporeichen Freizeitspaß am Berg wie Skifahren, Rodeln und Mountainbiken. Wenn nur diese eingebaute Gemeinheit nicht wäre: Vor jeder Abfahrt, spätestens aber danach, muss man irgendwie auch hinauf, beim Biken strampelnd, beim Skifahren Beine-in-den-Bauch-stehend am Lift, beim Rodeln stapfend und Schlitten schleppend. Oft genug ist nach dem Aufstieg dann auch gleich wieder vor dem Aufstieg … Freizeitbergmenschen haben dieses etwas matte Gefühl längst als unabänderlich gespeichert: Och nö, schon vorbei. Alles wieder rauf. Und dann dauert das auch immer viel länger als der Tempospaß.
Genau das ist dieser – Achtung, Spoiler! – nette kleine Überraschungsmoment beim Alpinen Coaster von Timoks Wilde Welt, dem schönen und abwechslungsreichen Tiroler Freizeitpark an der Mittelstation der Bergbahn in Fieberbrunn. Nicht nur ist die Achterbahnfahrt selbst grandios: steil, luftig, kurven- und temporeich. Nach der Ankunft unten, genau dann, wenn dieses etwas matte Gefühl sich einstellt, rollt der Wagen in die automatische Schiene, und während man nach der Stelle zum Ausstieg Ausschau hält, liest man dieses Schild: Bitte sitzen bleiben. Und schwupp, wird man auch schon wieder hinaufgezogen, was fast genauso schön ist wie hinunterzufahren, weil der fröhliche kleine Endorphin-Rausch nach der Fahrt in Ruhe abklingen darf, während man eine Weile Zeit hat, sich die Bergwelt anzuschauen, die bei der wilden Abfahrt nur so vorbeigesaust ist. Gut möglich, dass man dabei überlegt, ob man noch mal fahren will. Oder sogar, wie oft man noch fahren will, es gibt schließlich auch 5er- und 10er-Tickets. Und, gleich nebenan, für sportliche Leute einen herausfordernden Kletterwald und einen Tiefseilgarten, außerdem Tiere und für alle, die Kinder dabeihaben, einen Wasserspielplatz.

● Bergachterbahn Alpine Coaster, Timoks Wilde Welt, Bergbahnen Fieberbrunn, Lindau 17, 6391 Fieberbrunn, Tel. +43 (53 54) 56 33 30
● ÖPNV: Bus 8301, 8302, Haltestelle Fieberbrunn Bergbahnen

Schön wild

12 Radtour ins einsame Verwalltal

Hier ist Tirol schon fast zu Ende. Die Verwallgruppe beginnt ganz im Westen, reicht hinüber nach Vorarlberg, hat über 200 Gipfel, davon acht Dreitausender, und gehört zu den unbekanntesten Regionen der Alpen. Und zu den schönsten! Ein Stück davon lässt sich ganz unkompliziert erfahren, und das wortwörtlich: bei einer Radtour ab St. Anton ins autofreie Verwalltal bis zur Konstanzer Hütte. Gut trainierte, geübte Mountainbiker verlassen sich dabei auf ihre strammen Wadln, alle anderen leihen sich im Ort ein E-Bike. Und los geht's, an den Sagenstationen vorbei (Glücksort Nr. 62), durch duftenden Bergwald, am rauschenden Fluss entlang, der den klangvollen Namen Rosanna trägt.
Mit der Wagner Hütte kommt schon nach 3 Kilometern die erste Einkehr-Gelegenheit. Am blau-türkisen Verwallsee wenige 100 Meter weiter stehen ausreichend Bänke und Sonnenliegen für eine entspannende Rast. Ab dem See wird die Strecke anspruchsvoller, auf unbefestigten, bisweilen steilen Wegen geht es hinauf und hinunter. Beim Anfahren, ob bergauf oder bergab, heißt es jetzt aufpassen: Das will mit dem E-Bike erst einmal geübt sein. Und auf dem Schotter kann schon mal das Rad verspringen. Dafür wird die Landschaft, obwohl ihre eindrucksvolle, wilde Schönheit sowieso kaum mehr steigerungsfähig zu sein scheint, tatsächlich noch ein wenig wilder und eindrucksvoller. Das liegt am Patteriol, auf den man fortan direkt zufährt, bis man bei der Konstanzer Hütte angekommen ist. Der markante Dreitausender trägt den überaus angemessenen Spitznamen Matterhorn des Verwalls, und seine zackige, imposante Erscheinung verleiht dem Weg zusätzlichen Reiz. Immer näher rückt er, bis schließlich die urige, über 100 Jahre alte Konstanzer Hütte auf 1688 Metern Höhe erreicht ist. Wer sich Hunger aufgehoben hat, genießt hier Käse- oder Speckknödel, Spaghetti, Gulasch, Kaiserschmarrn. Und den sonnigen Gastgarten mit Blick in die wilde Bergwelt, bevor der Rückweg angetreten wird – frischluftsatt, landschaftssatt, hüttenschmankerlsatt.

TIPP

Wer lieber zu Fuß geht, aber nicht die ganze Strecke schafft, fährt mit dem Bus 6 bis zur Wagner Hütte.

● Verwalltal, Parkplatz: Verwallweg 7, 6580 St. Anton am Arlberg

Lebendiges Märchen

13 Die historische Altstadt von Hall

Ach, Henry! Wenn du wüsstest! Seinerzeit, im Jahr 1833, ließ der schottische Reiseschriftsteller Henry David Inglis kein gutes Haar an dem Ort: „Einen abscheulicheren Aufenthalt wie in Hall", schrieb er, „kann man sich kaum denken. Die Stadt ist unaufhörlich in dichte Rauchwolken gehüllt, welche nicht bloß die Luft verfinstern, und die Häuser schwärzen, sondern auch den Bewohnern ein dunkles, rußiges Ansehen geben." Fairerweise muss gesagt werden: Er hatte recht, damals war Hall tatsächlich schmutzig, rußig, verraucht und arm. Nun, Rauch, Schmutz und Armut sind schon lange fort – aber der wunderschöne alte Stadtkern, der ist noch da. Anders gesagt: Wer schon immer einmal in einem dreidimensionalen Mittelalter-Märchen herumspazieren wollte – bitte sehr! Es könnte ein langer Spaziergang werden, denn die Altstadt zählt zu den größten mittelalterlichen Stadtkernen Österreichs.

TIPP

Spannend bei jedem Wetter: In der Münze Hall etwas über Geld und im Bergbaumuseum über Salzabbau lernen.

Dabei ist Hall aber keine dieser perfekt herausgeputzten Fassadenstädte, mit einer Hui-Seite für Touristen und einer Pfui-Seite, die Besucher üblicherweise nicht zu sehen bekommen. Nein, hier ist alles schön, gleichzeitig aber eben nicht perfekt herausgeputzt. Hall lebt! Unter den charmantesten, verspieltesten Erkern bröckelt auch mal der Putz, Autos quetschen sich durch enge Gassen, hinter offen stehenden Eingangstüren sieht man Kinderwagen und Fahrräder im Hausflur. Im Sommer erklingen Fernseher und Radio aus geöffneten Fenstern. Hier arbeitet man nicht tagsüber, um abends die Stadt wieder zu verlassen, hier wird gewohnt und gelebt. Dass Autos durch die Gassen fahren, stört zwar viele; manche sagen, es wird höchste Zeit für ein Autoverbot in der Altstadt. Andererseits hat es etwas Italienisches, wie sich die Stadt überhaupt an warmen Sommerabenden italienische Kleider anzieht: Überall wird draußen gesessen, hinter jeder Straßenecke eine Bar, ein Restaurant, die Plätze sind öffentliche Wohnzimmer. Dann kann man in Gedenken an Henry David Inglis nur noch sagen: Einen schöneren Aufenthalt wie in Hall kann man sich kaum denken.

● Tourismusbüro Hall, Unterer Stadtplatz 19, 6060 Hall in Tirol, Tel. +43 (52 23) 4 55 44, www.hall-wattens.at

VETTORI
TRACHTEN-HÜTE
Seewald

Unter der Linde

14 Baum und Bank auf dem Öko-Kultur-Weg in Gränzing

Die Linde ist, ob nun ökologisch oder kulturgeschichtlich betrachtet, ein ganz besonderer Baum. Er schmückt sich mit zarten herzförmigen Blättern, ist von ausgesprochen prächtigem, hohem Wuchs, wird bis zu 1000 Jahre alt, festigt mit seinem tiefen Wurzelwerk den Boden und verbessert mit nährstoffreichem Laub die Bodenqualität. In früheren Zeiten war die in der Dorfmitte gepflanzte Linde ein Symbol der Gemeinschaft, ein Treffpunkt für Liebende, ein Ort der Gerichtsbarkeit. Heilkräfte wurden ihr auch immer wieder nachgesagt; wissenschaftlich belegt sind jedenfalls die medizinischen Eigenschaften von Lindenblüten. Franz Schubert setzte der Linde durch seine Vertonung des Gedichts „Am Brunnen vor dem Tore" ein musikalisches Denkmal.

Und apropos: Ein leibhaftiges Denkmal einer Linde versteckt sich am Rand eines kaum bekannten Spazierwegs in der Gemeinde Niederndorferberg kurz hinter der Grenze nach Bayern bei Sachrang. Bei der Käserei Hatzenstädt parken und den Weg über die Kuhweide nehmen, dann sind es nur wenige Meter. Oder aber man hebt das Beste zum Schluss auf und läuft den ganzen, rund 7 Kilometer langen Öko-Kultur-Weg zunächst in nördlicher Richtung entlang über die Grenze nach Oberbayern, über die Ölbergkapelle bis Sachrang und auf der anderen Seite der Straße zurück nach Tirol, immer wieder mit Blick auf das Bergmassiv des Zahmen Kaisers. Keine sportliche Herausforderung, aber ein freundlicher Spaziergang, und nicht überfüllt, denn dieses entlegene Eck Tirols ist nie stark frequentiert. Am Ende der Wanderung geht es rechts einen kurzen Anstieg zum Baum hinauf. Und dann erblickt man ihn auch schon. Und erlebt einen Moment ungläubigen Staunens beim Anblick dieses kolossalen Sommerlinden-Monuments. Ein Bild, ein Riese, ein Gigant von einem Baum. Uralt, moosbewachsen, ausladend. Freundlicherweise steht eine Bank unter der gewaltigen Krone direkt am meterdicken Stamm, dort lässt es sich gut sitzen und Baum-Energie tanken. Und spüren, warum die Linde solch ein besonderer Baum ist.

TIPP
Wenn die Sennerei Hatzenstädt geöffnet ist, unbedingt ein Stück Bergkäse kaufen!

- Öko-Kultur-Weg, Parkplatz: Sennerei Hatzenstädt, Gränzing 22, 6346 Gränzing
- ÖPNV: Bus 4036, Haltestelle Niederndorferberg Hatzenstätt

Kunst vor Naturkulisse

15

Der Skulpturenpark Kramsach

Eine weite Wiese direkt an der Brandenberger Ache, Bäume und Berge ringsum – das ist schon recht idyllisch, wäre aber nur eine von vielen Wiesen am Bach, wie man sie in Tirol häufig findet, wenn, ja, wenn sie nicht gleichzeitig ein riesiges, kostenloses und rund um die Uhr geöffnetes Open-Air-Kunstmuseum auf 8000 Quadratmetern wäre. Denn spannend wird der Wiesen-Besuch durch die vielen, teilweise riesigen und immer rätselhaften Skulpturen, die der Kramsacher Künstler Alois Schild in den frühen 1990er-Jahren hier aufstellen ließ. Die meisten sind aus rostrotem Metall. Und rosten dürfen sie nicht nur, sondern sollen sie sogar, das ist Teil des Konzepts. Gittergeflechte, organische Formen, verschnörkelte Rohre in verschiedensten Kombinationen laden zum Assoziieren und Interpretieren ein. Nur die windschiefe Treppeninstallation ist aus Beton – und zu beklettern sogar, wer sich traut.

Den Umgang mit Metall und Schweißgerät lernte Alois Schild während seiner Ausbildung zum Fahrzeugfertiger, aber schon damals gefiel es ihm, kleine Figuren zu bauen und zu schmieden. Sein frühes Material bestand aus Schwemmholz und verrosteten Metallteilen, die er aus der Brandenberger Ache fischte. 1986 schließlich wurde er an der Akademie der bildenden Künste in Wien angenommen und durfte bei Bruno Gironcoli studieren, einem preisgekrönten österreichischen Maler, Bildhauer und Meister der surrealen Maschinenskulpturen.

Wer Gefallen an der rätselhaften Skulpturen-Poesie findet, die, je länger man sie betrachtet, umso mehr mit der Tiroler Bergidylle zu harmonieren beginnt, kann auch einen Spaziergang durch Kramsach machen. Dort ist noch mehr Kunst zu finden; zudem befindet sich im „Troadkastn", einem 300 Jahre alten Speicher, Alois Schilds Galerie. Und sogar Reisende Richtung Süden, ob sie es wissen oder nicht, haben schon Kunst des Kramsachers gesehen: Von ihm stammt auch der Inntalengel an der Inntal Autobahn, das kopflose gelbe Männchen mit dem Flugzeug auf dem Rücken.

TIPP

Auf Alois Schilds Website gibt es eine Karte des Skulpturenwanderwegs, um alle Kunstwerke zu entdecken.

● Skulpturenpark Kramsach im Mariatal, Kunstforum Troadkastn, Achenrain 17, 6233 Kramsach, www.aloisschild.at

Mehr als königlich

16

Das Kaiserbad am Fuß des Wilden Kaisers

Dieses Bad ist wahrlich kaiserlich. Goldene Rutschen und marmorne Beckenbegrenzungen darf man sich zwar nicht vorstellen, aber: Die Lage! Geht nicht schöner! Weite Wiesen, davor bewaldete Hügel, und im Hintergrund ragt das imposante felsgraue Massiv des Wilden Kaisers in seiner ganzen, wahrhaft wilden und kaiserlichen Pracht auf. Und nach der Kasse, wo man über die großzügig niedrigen Preise des Kaiserbads staunt, heißt es eintauchen: im Schwimmbad und auch im Farbbad. Kleine bunte Sonnenschirme sprenkeln die Wiese, orange Sonnensegel beschatten den Spielplatz, blaue und gelbe Rutschen locken die jüngeren und jung gebliebenen Besucher an, zwischen grünem Schilf funkelt in allen Smaragdtönen das Wasser des gepflegten und idyllischen Naturpools. An dessen Rand verlocken einige breite Stege zum genüsslichen Liegen auf dem sonnengewärmten Holz nach dem Schwimmen, und ein versteckter Pavillon im Schilf lädt zur besinnlichen Wasserbetrachtung vor Kaiserkulisse ein. Dies ist der ruhigste und schönste Teil des Bades.

Kinder freuen sich über den riesigen Spielplatz mit Trampolinen, Wasserspielstationen, Schaukeln und Klettergerüsten in allen möglichen Variationen. Pure Sommerfreude. Aber nicht nur: Auch in der kalten Jahreszeit ist geöffnet, ebenso an sommerlichen Schlechtwettertagen. Dann entdeckt man eben mehr die inneren Werte des Kaiserbads, als da zum Beispiel wären: eine Blockhaussauna im Freien, eine Zirben-Panorama-Sauna, das Kräuterdampfbad, ein Besinnungsraum mit Wasserbecken, ein Hallenbad mit Bodensprudel, Strömungskanal, Massagebucht und andere Annehmlichkeiten. Zur Vollendung des Ganzjahresglücks serviert auch noch das Restaurant gutes und vielseitiges Essen: Burger, Pizza und Pasta, Steak, Spinatknödel, viele Fischgerichte und natürlich Süßspeisen. Rundum kaiserlich eben.

TIPP

Wer lieber klettert, findet hier auch eine Halle mit rund 100 Routen in sieben Schwierigkeitsgraden.

- Kaiserbad Ellmau, Wimm 1, 6352 Ellmau, Tel. +43 (53 58) 38 11 www.kaiserbad.com
- ÖPNV: Wander- und Bäderbus Kaiserjet (Sommer), Skibus, blaue Linie B (Winter), Bus 4006, 4060, Haltestelle Ellmau Steinerner Tisch

Fast in Italien

17 Am Obersee und Staller Sattel

Nach Italien sind es nur noch wenige Schritte. Der Blick ist schon hinübergewandert über die Grenze, dort oben am Staller Sattel zwischen dem Defereggental in Osttirol und dem Antholzertal in Südtirol. Der Grenzübergang ist klein und hat, irgendwie witzig, eine Ampel. Autos stehen und warten darauf, dass es für den Weg über den Pass grün wird. Man bekommt Lust, die Füße dem Blick folgen zu lassen und einfach weiterzuwandern, immer weiter, vielleicht bis ans Meer … Okay, das wäre dann doch ein bisschen weit. Aber man kann ja auch umdrehen, zurück bis zum Obersee und einmal rundherum laufen. Der Obersee ist zwar nicht das Meer, aber doch ein Gewässer, ein ziemlich blaues und sehr idyllisches sogar, klar, kalt, reich an Fischen und umgeben von herrlichster, wilder und verlassen anmutender Berglandschaft. Im Frühsommer blühen die Almrosen, im Herbst leuchten die Lärchen orange-golden an den Berghängen (Glücksort Nr. 48), und wenn die Sonne scheint, bildet der See einen reizvollen, tiefblau schimmernden Kontrast zu den roten Almrosen, den grünen Wiesen oder besonders schön zu den roten, braunen und gelben Herbstfarben.

TIPP

Jeden Sommer findet auf dem Obersee das höchstgelegene Drachenbootrennen der Welt statt.

Es ist eine alte Landschaft, und der Fischreichtum des Sees war vermutlich auch schon vor 1000 Jahren gegeben. So alt ist jedenfalls der Einbaum aus Zirbenholz, den Taucher im Jahr 1999 am Grund des Sees fanden und der heute im Talschaftsmuseum in St. Jakob in Defereggen ausgestellt ist. Überhaupt Taucher: Die sind hier gern unterwegs, und so kann es sein, dass plötzlich große Blasen aufsteigen, und während man noch überlegt, welche Fischart wohl solche Blubberblasen macht, steigt auch schon einer aus dem Wasser, und dann noch einer und noch einer, ein merkwürdiger, aber lustiger Anblick in dieser alpinen Landschaft. Weniger fremd, sondern in ihrem bescheidenen alpinen Look sehr passend, ist die Oberseehütte, die Tiroler Köstlichkeiten mit italienischem Einschlag auf der zweisprachigen Speisekarte anbietet. Nach Italien sind es ja auch nur ein paar Schritte.

- Alpengasthaus Obersee, 9963 St. Jakob in Defereggen, Tel. +43 (68 01) 18 29 71 www.alpengasthaus-obersee.com
- ÖPNV: Bus 953, Haltestelle St. Jakob i. D. Infohaus

Liebe geht durch den Käse

18

Die Schaukäserei Wilder Käser in Kirchdorf

Auf dem Dach stehen Kühe, schauen versonnen in die Ferne oder neugierig zu den Besuchern herab. Herunterfallen können sie nicht, es sind nur lebensgroße Figuren – und eins der vielen netten Details, die den Besuch hier recht unterhaltsam und den Wilden Käser zu einem kleinen Glücksort nicht nur für Käseliebhaber machen.
Reizvoll ist der Kontrast zwischen dem modernen Bau, der mit großen Glasscheiben einen Blick in den Produktionsraum erlaubt, und dem 500 Jahre alten Bauernhaus mit Verkaufstheke, uriger Brotzeitstube und Sonnenterrasse dazu. Zwischen Bauernhaus und Produktionsraum befindet sich noch ein Vorraum mit großem Bildschirm, ein Käsekino sozusagen. Hier erfährt man im Schnelldurchlauf, wie der Käse gemacht wird, man lernt, was eine Käseharfe ist und wofür sie verwendet wird, und man staunt, wie viel Aufwand es ist, die kleinen Laibe herzustellen. Probieren kann man dann im Verkaufsraum nebenan. Und irgendwie hat man, ganz anders als bei Supermarkt-Produkten, plötzlich einen persönlichen Bezug zu dem in liebevoller Handarbeit hergestellten Wilder-Käser-Käse, vielleicht, weil man gerade so viel über ihn erfahren hat. Und dann heißen die beiden Sorten auch noch großer und kleiner Stinker, obwohl sie gar nicht stinken (keine Sorge!), sondern mild und feinwürzig schmecken. Der kleine Stinker ist ein Camembert, der große mit Rotschimmel. Käse zum Gernhaben. Und zum Gern-Essen natürlich auch. Wer also zu denen gehört, für die ein Leben ohne Käse zwar möglich, aber sinnlos ist, und die Käse sogar lieber mögen als Schokolade – das ist der richtige Ort. Neben den beiden Stinkern gibt es an der Theke auch Bergkäse aus der Region zu kaufen. Und es gibt Seifen, Chutneys, Tees, Brände, Marmeladen und für alle, die eben doch Schokolade lieber mögen, auch letztere. Aber für Käseliebhaber hat der Besuch dann doch einen kleinen Haken: Anschließend will man nie wieder Industriekäse essen. Sondern nur noch handgemachten.

TIPP

Fans vom „Bergdoktor" sollten Staffel 13 ansehen: Szenen mehrerer Folgen wurden hier gedreht.

- Wilder Käser, Schwendter Straße 76, 6382 Kirchdorf in Tirol, Tel. +43 (53 52) 6 36 66 www.wilder-kaeser.at
- ÖPNV: Bus 4000, Haltestelle Kirchdorf i. T. Gasteig

Bilderbuch-Villa

19 Das Museum Restaurant-Café St. Anton

Am Ortsrand von St. Anton steht ein besonderes Haus: die Villa Trier, die heute ein Museum, ein Restaurant und ein Café gleichzeitig ist. Sie liegt etwas versteckt, ist aber nicht schwer zu finden: einfach von der Alten Arlbergstraße den Rudi-Matt-Weg hineingehen, dann kommt nach wenigen Metern ein auffallend hübsch angelegter Park mit Fischteich, in den ein Bach mündet, und einer Holzbrücke darüber. Dahinter ragt das Haus auf – und was für eins. Schon von außen betrachtet ist die prachtvolle Jugendstilvilla eine über 100 Jahre alte Wucht dank ihrer geradezu atemberaubend schönen Holzfassade mit weißen und grünen Verzierungen an Balkonen und Fenstern. Ein paar Treppenstufen führen hinauf auf die Restaurant-Terrasse mit herrlicher Aussicht. Am anderen Ende der Terrasse geht es ins Haus. Und drinnen dann weiter mit dem Wow-Effekt: die Bogenfenster mit den runden Glaselementen und den eingearbeiteten Wappen, das kunstvoll gedrechselte Geländer an der Treppe und der Galerie, die zierlichen Holzvertäfelungen, dazu die samtroten Polsterstühle an den Tischen, der riesige offene Kamin – eine Atmosphäre fast wie in einem Schloss. Es war aber kein Adeliger, der diese Pracht und Herrlichkeit 1912 errichten ließ, sondern der deutsche Industrielle Bernhard Trier. Als Ferienhaus. Später wechselte das Haus mehrfach den Besitzer, bis die Gemeinde es 1971 kaufte und zum Heimatmuseum umgestaltete.

TIPP

Unbedingt den unglaublichen grünen Kachelofen in einem Nebenraum des Restaurants anschauen!

Auf dem Rundgang im ersten Stock erfahren Besucher viele Geschichten: vom Haus selbst, von den Schwabenkindern, von der sagenhaften und rasanten Entwicklung des Tourismus und natürlich vom Skifahren. Im Erdgeschoss erstreckt sich über mehrere Räume das viel gelobte Restaurant, das nicht nur wegen des tollen Ambientes empfehlenswert ist. Es gibt drei verschiedene Speisekarten je nach Saison, die Preise sind zwar gehoben, aber das ist das Essen auch.

● Museum Restaurant-Café, Rudi-Matt-Weg 10, 6580 St. Anton am Arlberg, Tel. +43 (54 46) 24 75, www.museum-restaurant.at

Füttere mich!

20 Tierbegegnungen im Wildpark Wildbichl

Versteckt in einem verborgenen Winkel eines abgelegenen Tals direkt beim winzigen Grenzübergang von Bayern und Tirol hinter Sachrang hat man ihn also gefunden, den Ort, wo sich Fuchs und Hase gute Nacht sagen – in diesem Fall allerdings Luchs und Hase, die beide hier leben, im Wildpark Wildbichl. Der wirkt zunächst ein wenig aus der Zeit gefallen: keine peppig designten Informationstafeln, keine interaktiven Mitmach-Stationen, keine Plüschtiere zum Kaufen, keine Wildpark-App, kein Schnellrestaurant. Sondern einfach ein schöner kleiner, sehr naturbelassener Wildpark mit viel Wald und großzügigen Gehegen, in denen überwiegend heimische Tiere leben: Hirsche, Hasen, Gämsen, Biber.

Auf die Besucher wartet ein netter ein- bis zweistündiger Spaziergang, ein wenig bergab und wieder bergauf, immer begleitet vom Plätschern eines Baches, und manchmal auch von empörten Rufen der tierischen Parkbewohner – und zwar dann, wenn man sie nicht gebührend mit Futter bedacht hat. Allen voran beschwert sich der Esel, aber auch Schafe und Ziegen kommen hier gern an den Zaun und fordern eine Leckerei, die es in Tüten an der Kasse oder auch am Automaten zu kaufen gibt. Das ist das wahrscheinlich charmanteste Detail: Tiere, die den Kontakt zu Menschen suchen, damit diese einen Imbiss springen lassen, aber ein bisschen dalli bitte sehr! Schön sind auch die Brotzeitplätze direkt am Bach oder mit Blick auf den Zahmen Kaiser. Und zu guter Letzt gibt es am Kiosk – s'Hütterl genannt – wie in alten Zeiten ein paar Süßigkeiten, Getränke und immer eine Sorte selbst gebackenen Kuchen oder Kipferl nach einem Rezept der Uroma zu kaufen. Nicht nur die Kipferl sind übrigens eine Familiensache, sondern der ganze Park: 1980 hat ihn Papa Richard Summerer gegründet, der lange schon im Rentenalter ist und die Leitung im Jahr 2021 an seine Tochter Monika übergeben hat. Die hat hier schon als Kind mitgeholfen. Und die Kipferl, die bäckt Mama Greta.

TIPP
Beim Kiosk gibt es eine Notfallbox für Biker und die Möglichkeit, Akkus zu laden.

- Wildpark Wildbichl, Gränzing 30, 6346 Niederndorferberg, Tel. +43 (6 76) 7 76 22 33, www.wildpark-wildbichl.com
- ÖPNV: Bus 730T, 4036, Haltestelle Niederndorferberg Wildbichl

Kunstglitzer, Glitzerkunst

21

In den Swarovski Kristallwelten in Wattens

Die Angelegenheit ist einigermaßen verwirrend: Alle Welt spricht von Swarovski Kristallen, dabei handelt es sich gar nicht um Kristalle, sondern um geschliffenes Kristallglas, das aber funkelt wie Brillanten, ohne allerdings auch nur einen Bruchteil dessen zu kosten, was ein vergleichbarer, echter Edelstein kosten würde. Dabei glitzern und funkeln Strass, geschliffenes Kristallglas und auch Zirkonia, die künstlich hergestellte Diamantimitation, täuschend echt. Und man kann aus diesen Glitzersteinen nicht nur alles Mögliche herstellen, Schmuck vor allem, sondern auch alles Mögliche anstellen.

Was alles, das lässt sich bei einem Besuch der Kristallwelten in Wattens im Unterinntal erkunden, wo das Unternehmen Swarovski schon seit über 125 Jahren seinen Sitz hat. Zum 100-jährigen Firmenjubiläum im Jahr 1995 entwarf der Multimediakünstler André Heller die Kristallwelten. Den „Garten des Riesen" und die 17 „Wunderkammern" wiederum gestalteten internationale Künstler und Designer, darunter Schwergewichte wie Zaha Hadid, James Turrell oder Yayoi Kusama, deren Spiegelinstallation mit Kristalllüster eine Seherfahrung mit sensationeller Tiefenwirkung ist. Einen kleinen optischen Rausch erlebt man auch im „Dome", der riesigen, betretbaren Kristall-Kuppel mit ihren immer wechselnden Farben und Lichtspielen. Der Raum „El Sol" offenbart ein Sonnenkunstwerk, das wirkt, als glühe es, mit echten Sonnengeräuschen, begleitet vom Duft von Schießpulver und Rosmarin.

Wer ein bisschen Extravaganz zu schätzen weiß, ist in den Kristallwelten also ganz richtig. Vor allem bei schönem Wetter ist auch der Rundgang durch den Park lohnend, und wer mit Familie da ist, freut sich über den liebevoll und interessant gestalteten Kinderspielplatz. Appetitanregender Abschluss ist der Besuch im sehr guten Restaurant, das sich mitten in der Parkanlage befindet. An warmen Tagen sitzt es sich sehr schön draußen mit Blick in den Park und auf die Kristallwolken. Dazu feine Aromen und freundliche Kellner – nicht entgehen lassen!

- Swarovski Kristallwelten, Kristallweltenstraße 1, 6112 Wattens, Tel. +43 (52 24) 510 80, www.kristallwelten.swarovski.com
- ÖPNV: Bus 4123, 4125, 8330, 8380, Haltestelle Wattens Kristallwelten/B171

Am wilden Wasserweg

22

Radtour durch den Naturpark Tiroler Lech

Wenn der Lech, aus Quellbächen des benachbarten Vorarlberg stammend, Tirol erreicht, hat er sich längst in einen einzigartigen Wildfluss verwandelt. Einzigartig auch deshalb, weil der Tiroler Lech der letzte Wildfluss im nördlichen Alpenraum ist. Seit Jahrtausenden gestaltet er hier die Landschaft, bahnt sich seinen ungezähmten Weg durch das Tal, das auch nach ihm benannt wurde: das Lechtal. Es erstreckt sich von Lech am Arlberg bis nach Füssen. Der schönste, wildeste Abschnitt ist der Naturpark Tiroler Lech zwischen Steeg und Reutte.

Wer herausfinden will, wie die Welt sich vor Jahrtausenden angefühlt haben könnte, als es noch keine Straßen, Autos, Parkplätze, keine Wohnhäuser, Büros und Supermärkte gab, der sollte sich in diese Landschaft begeben und den Fluss auf seiner Reise ein Stück weit begleiten, am besten auf dem Fahrrad. Den Lechweg entlangradeln bedeutet herrlichstes Genussradeln ohne Steigungen und ohne Autoverkehr, auf geteerten Wegen, auf denen man nur so dahingleitet und sich nach einer Weile eins mit der Landschaft fühlt. Man staunt über die sensationelle türkisgrünblaue Farbe des Flusses, macht an ausgedehnten Schotterbänken halt, kommt durch Auwald und an Farnen vorbei, die perfekt zu dem Welt-vor-Jahrtausenden-Gefühl passen, schließlich gehören sie zu den ältesten Pflanzen der Welt und wuchsen hier schon, als noch Dinosaurier durch die Gegend stampften.

TIPP
E-Bikes und Mountainbikes verleiht zum Beispiel das Radfahrerhotel Tannenhof in Reutte.

Für diese Tour darf man bei aller menschenleeren Wildnis vorher übrigens gern die Segnungen der Zivilisation in Anspruch nehmen, und zwar in Form des Fahrradbusses, der die Radler mitsamt Rad von Reutte nach Steeg bringt. Dann geht es rund 50 Kilometer zurück nach Reutte. An heißen Sommertagen ist sogar ein Bad möglich, zwar nicht im Lech, der hier sehr breit, aber zu flach zum Baden ist, aber im glasklaren grünblauen Lechausee, der direkt an der Strecke liegt. Anschließend geht es weiter. Mit der Radtour und mit dem wilden Urzeitgefühl. Bis die Zivilisation einen in Reutte wiederhat.

- Naturpark Tiroler Lech, zwischen 6655 Steeg und 6600 Reutte www.naturpark-tiroler-lech.at
- ÖPNV: Bus 110, Reutte Bahnhof, Fahrzeiten und weitere Haltestellen unter www.vvt.at

Ausflug ans Urmeer

23 Der Triassic Park auf der Steinplatte Waidring

Da ist schon wieder einer! Wie er durchs Gebüsch lugt, bloß gut, dass er nicht echt ist … Wer als Kind Saurier geliebt hat – und wer hat das nicht als Kind? –, wird hier oben auch als Erwachsener glücklich, versprochen. Denn die Dinos bevölkern das ganze Jahr über die Steinplatte und haben sogar ihren eigenen Park, den liebevoll gemachten Triassic Park. Er hält auch für diejenigen, deren Dinosaurier-Phase schon viele Jahrzehnte her ist, Interessantes bereit. Hinauf kommt man mit der Bergbahn ab Waidring oder mit dem Auto auf der mautpflichtigen Straße bis zum Parkplatz auf 1300 Metern Höhe.

Im Triassic Park geht es zuerst durch einen Tunnel mit kurzweiliger prähistorischer Ausstellung zur Erdgeschichte, anschließend auf den langen Rundgang zu Wasserspielplätzen, lebensgroßen Sauriermodellen und zur ausladenden, markant gestalteten Aussichtsplattform. Sie ist einer Koralle nachempfunden und sorgt für leichtes Bauchkribbeln: In 70 Metern Höhe schiebt sie sich weit über den Abgrund. Für nervenkitzeligen Durchblick nach unten sorgen eingebaute Gitter.

TIPP

Zwei je ca. halbstündige Wanderungen: bergab zur urigen Stallenalm oder bergauf zum Gipfel.

Verspielte oder wissbegierige Menschen wiederum drücken bei den Sauriermodellen auf den dicken roten Knopf, um sich etwas über die prähistorischen Schwergewichte erzählen zu lassen. Hinweis: Unbedingt bis ganz nach hinten zum See gehen und sich – sozusagen auf Knopfdruck – überraschen lassen. Und dann gibt es noch den Korallengarten: Die Felsen, die hier den Weg säumen, sehen auf den ersten Blick nur nach großen Steinen aus, aber wer genauer hinsieht, entdeckt die feinen Strukturen der vor Jahrmillionen versteinerten Korallen. Die hat nicht etwa jemand als eigenwillige Dekoration hinauftransportieren lassen; sie stammen von hier oben. Denn auch das lernt man bei dem hochinteressanten Ausflug: Vor 200 Millionen Jahren war die Steinplatte ein Riff im Urmeer Tethys, das gewaltige tektonische Kräfte emporgehoben haben. Und so kann man hier nicht nur Saurier entdecken, sondern bis heute auch versteinerte Muscheln und Korallen.

- Triassic Park, Steinplatte Waidring, Parkplatz Talstation: Alpegg 10, 6384 Waidring, Tel. +43 (53 53) 5 33 00, www.triassicpark.at
- ÖPNV: Bus 4012, 4825, Haltestelle Waidring Abzw. Gondelbahn

Herrlicher Lichterkitsch

24 Das Weihnachtshaus in Vomp

Würde man es nicht mit eigenen Augen sehen, man würde es nicht glauben: Mitten in Vomp, in einer ruhigen, dunklen Straße voller Wohnhäuser, ist Weihnachten … ja, was eigentlich? Explodiert? Eskaliert? Als UFO gelandet? Jedenfalls ist es ein einziger Lichterrausch, eine Farborgie, eine Deko-Überdosis, Weihnachtissimo. Je nach Alter und Persönlichkeit holt man da erst mal Luft, lacht, staunt oder schüttelt den Kopf. Und fragt sich, ob der, dem das Haus gehört, wohl aus den USA kommt, denn man weiß ja, dass solche leuchtenden, blinkenden, ganz und gar in knallbunte „Christmas decoration" gehüllten Häuser dort ganz normal sein sollen. Aber hier, mitten in einer ruhigen Straße in einem ruhigen Ort in Tirol? So was.

Natürlich kann man jetzt die Stirn runzeln, auf die Stromkosten, die Energieverschwendung, die Licht- und Lärmbelästigung der Nachbarn verweisen, aber das wäre doch recht langweilig, spielverderberisch und unromantisch. Wobei das Weihnachtshaus in Vomp nun nicht gerade romantisch ist, eher überdreht, übertrieben, überbordend. Aber erlaubt ist erlaubt, vergnügliche vier Vorweihnachtswochen lang von 17 bis 20 Uhr, es gibt eine Sondergenehmigung. Und Glühwein für die Besucher. Und eine kleine Bimmelbahn für Kinder, um einmal ums Haus zu fahren. Allen, die die Lichterwunderwelt jetzt immer noch kritisch beäugen, sei geraten, das bisschen Eintritt zu bezahlen, sich auf den verrückten Spaß emotional kurz einzulassen und das Haus einmal rundherum zu besichtigen. Von außen sieht man nämlich nicht, dass auch der ganze hintere Garten vor leuchtenden Symbolen und Figuren nur so strotzt: Sterne, Schneeflocken, Schneemänner, Weihnachtsmänner in Rentierschlitten, Geschenke, Glocken. Und übrigens: Der Betreiber ist kein Amerikaner, sondern waschechter Tiroler aus Vomp. Er mag einfach Lichter. 2012 hat er angefangen, jedes Jahr kommt neue Deko dazu. Einfach so, aus Freude an der Sache. Die Kinder, die da sind, staunen und lachen. Und das ist eben doch einfach weihnachtlich.

● Weihnachtshaus, Josef-Heiß-Straße 64, 6134 Vomp

Götterhimmel

25 Luxus und Design im Hotel Ullrhaus in St. Anton

Ein augenzwinkernder Spruch beginnt so: „Der Himmel ist dort, wo die Briten die Polizisten sind, die Franzosen die Köche, die Deutschen die Mechaniker, die Italiener die Liebhaber, und organisiert wird alles von den Schweizern." Es gibt noch einen zweiten Teil, aber um den geht es hier nicht, sondern darum, dass der Spruch um den Halbsatz „und wo die Österreicher die Hotels betreiben" ergänzt gehört. Denn eins steht nach zahlreichen Reisen zweifelsfrei fest: Hotellerie, Gastronomie und überhaupt Gastfreundschaft können die Österreicher einfach besonders gut, was natürlich auch für die Tiroler gilt.

Daher darf man mit Fug und Recht sagen: Der Himmel ist dort, wo die Tiroler die Hotels betreiben. Und wo wir schon beim Himmel sind: Käme Ullr, der nordische Gott des Winters, des Skilaufens, der Jagd (und noch ein paar göttlichen Funktionen mehr) aus Asgard auf die Erde, so wäre er, einmal bei uns angekommen, bestimmt neugierig auf dieses nach ihm benannte Hotel in St. Anton. Und wäre er einmal dort, würde er vermutlich nicht so schnell in seinen höchstpersönlichen Wintergotthimmel zurückkehren wollen, sondern lieber bleiben und ausgiebig die irdischen Freuden genießen, die sich ihm hier offenbaren: das wunderbar klare, unaufdringlich-geschmackvolle skandinavische Design des Gebäudes, der Lobby, der Zimmer, das vielseitige Frühstücksbuffet, die Gourmetküche des Restaurants, wo jeder Gang als kleines Kunstwerk angerichtet ist, die hochwertige, regional produzierte Bio-Pflegeserie aus Alpenkräutern in den eleganten Badezimmern oder der großzügige Spa-Bereich mit dem 17 Meter langen, spitzwinkeligen Pool, zwei Saunen und einem Dampfbad – nur in Letzteren wäre ihm, so als Wintergott, vielleicht ein bisschen heiß. Aber alles in allem würde der Hotelhimmel Ullrhaus sich seiner nordischen Gottheit bestimmt als würdig erweisen. Wetten, Ullr?

TIPP

Im Sommer kommen! In St. Anton ist es ruhig, die Übernachtung im 4-Sterne-Hotel ist deutlich günstiger.

● Hotel Ullrhaus, Alte Arlbergstraße 2, 6580 St. Anton am Arlberg, Tel. +43 (54 46) 3 52 00, www.ullrhaus.at

Im Reich der Bäume

26 Das Naturdenkmal Großer Ahornboden

Ins Risstal im Karwendel zu fahren bedeutet, einem besonderen Naturdenkmal zu begegnen. Im hintersten Talabschnitt, dem Tal der Eng, liegt der Große Ahornboden, der übersät ist mit einer einzigen Baumart: Bergahornbäumen. Prächtiger, starker Bergahorn auf dem Höhepunkt seiner langen Existenz, kleine, frisch gepflanzte Bäumlein und knorrige, uralte Baumgreise in unterschiedlichen Stadien der Verwitterung. Eine riesige, friedliche Ahornarmee, über 2000 Exemplare, darunter einige, die schon abgestorben sind, aber nicht gefällt werden dürfen. Und das ist auch gut so. Denn seit das Thema Bäume in jüngerer Zeit recht populär geworden ist, wissen wir zum Beispiel, dass vermeintlich tote Bäume über ihre Wurzeln weiter mit jüngeren, umstehenden Bäumen verbunden bleiben, noch mit ihnen kommunizieren und Informationen weitergeben. In diesem Fall muss das eine Menge Wissen sein, die ältesten Bäume sind zwischen 400 und 600 Jahre alt. Manche standen hier vielleicht schon, als zum Beispiel der Buchdruck erfunden wurde, Christoph Kolumbus Amerika entdeckte, Luther seine 95 Thesen verbreitete oder der Dreißigjährige Krieg stattfand. Von alledem dürften die Bäume in ihrem abgeschiedenen Tal allerdings nichts mitbekommen haben, in das damals nicht einmal eine Straße führte.

TIPP

Informationen zur Region, Vorträge und Exkursionen bietet das markante Naturparkhaus in Hinterriß.

Dass die Bäume im Zuge der Talbewirtschaftung nicht gefällt wurden, ist ihrem Nutzen für die Almwirtschaft früherer Zeiten zu verdanken, die schon im 12. Jahrhundert begann. Die Bäume spendeten dem Vieh Schatten, Streu und sogar Not-Futter, wenn im Sommer Schnee kam oder Überschotterung das Weideland unbrauchbar machte. Schon vor fast 100 Jahren, im Jahr 1927, wurden die Bäume zu Naturdenkmälern erklärt; seit 1988 ist der große Ahornboden ein Landschaftsschutzgebiet. Und ein beliebtes Ausflugsziel, vor allem an einem jener schönen, klaren Oktobertage, wenn das Laub sich von grüngold nach goldbraun verfärbt und das gesamte Naturdenkmal in der Herbstsonne zu leuchten beginnt.

- Naturdenkmal Großer Ahornboden, Risstal Landesstraße, 6215 Hinterriß
- ÖPNV: Bergsteigerbus 9569 ab Bad Tölz oder Lenggries, Haltestellen Haglhütte oder Eng Gasthaus (Mai–Okt)

Zweimal See-Fahrt

27 Ausflug an den Vilsalpsee

Vom Ort Tannheim bis zum Vilsalpsee zu laufen ist eher ein langer Spaziergang als eine Wanderung: Eine asphaltierte Straße führt etwa eine Stunde lang durch Wald und an Wiesen vorbei, immer nur leicht bergauf, keine 100 Höhenmeter insgesamt. Das geht auch mit Kinderwagen oder Rollstuhl. Trotz Straße gibt es kaum störenden Verkehr, denn für Pkw ist die Zufahrt nur sehr eingeschränkt erlaubt: morgens vor zehn oder abends nach 17 Uhr. Ziemlich sicher überholt höchstens mal ein Reisebus – oder die Bimmelbahn, die sich stolz Tannheimer Alpenexpress nennt. Die See-Fahrt zum Vilsalpsee startet täglich ab 9:30 Uhr jede halbe Stunde vom Informationsbüro Tannheim aus und ist ideal für alle, die nicht gut zu Fuß sind oder sich wandertechnisch erst vor Ort verausgaben wollen. Am See selbst beginnen verschiedene Routen, zum Beispiel zur Vilsalpe und auf das Geißhorn oder gleich auf die Drei-Seen-Runde.

Aber ganz egal wie man hingekommen ist, jetzt heißt es erst mal: Genießen! Wie die Landschaft es schafft, schroff und lieblich zugleich zu wirken. Wie die Blumen im Sommer am Ufer wachsen. Wie die Berge sich, lange mit Schneeresten gefleckt, im See spiegeln. Wie die Haubentaucher gemütlich mit dem Kopf zuckelnd über den See ruckeln. Welch hübschen Kontrast die roten Bänke am Ufer des Sees zu all dem Blau und Grün bilden. Wie klar das Wasser ist, und wie verlockend es aussieht. Wassersport ist allerdings nicht erlaubt, Baden schon, wer sich traut: Der See wird auch im Hochsommer nicht wärmer als etwa 18 Grad. Bibber! Große See-Sehnsucht lässt sich aber ganz einfach bekämpfen. Auf geht's zur See-Fahrt Nummer Zwei, und zwar mit einem Ruderboot. Ein solches gibt es für kleines Geld direkt bei der Gaststätte. Also losgerudert und weitergenossen: die Landschaft, die sich immer wieder verändernden Ausblicke auf die umliegenden Berggipfel, die Ruhe und Stille und das Gefühl, der Natur ganz nah zu sein. Und vielleicht auch sich selbst.

● Vilsalpsee, Abfahrt Tannheimer Alpenexpress: Informationsbüro Tannheim, am großen Parkplatz: Vilsalpseestraße 1, 6675 Tannheim
www.tannheimertal.com, www.tannheimer-alpenexpress.at

Wieder Kind sein!

28 Der Kugelwald am Glungezer

Spaß haben macht glücklich! Aber einfach nur Spaß zu haben, fällt Erwachsenen manchmal ja ein bisschen schwer. Die Pflichten! Die To-do-Listen! Da hilft ein Trick: einfach mal wieder etwas machen, was Kinder besser können als Erwachsene. Spielen zum Beispiel. Wenn man auch noch ein Kind oder mehrere dabeihat, umso besser, aber auch wenn man keines dabeihat, kann man hier spielen. Hier, das ist der Kugelwald am Glungezer. Hinauf geht's mit der Bergbahn bis zur Mittelstation. Der kleine Kiosk am Restaurant verleiht die Zirbenkugeln für 2 Euro Gebühr. Und dann geht es ab. Also, die Kugel geht ab, auf einer der vielen Holzschienenbahnen, die kreuz und quer im lichten Wald verlaufen, teilweise in mehreren Metern Höhe. Am anderen Ende der Bahn, das man manchmal ein wenig suchen muss, holt man seine Kugel dann wieder ab, und das klappt fast immer.

Erwachsene, die die Neigung haben, ein bisschen streng zu sich zu sein, können sich beim spielerischen Ausprobieren darauf berufen, dass Murmelbahnen, auch wenn es sich um riesige Waldmurmelbahnen handelt, mehr sind als nur ein Spielzeug. Es gab sie sogar schon bei den alten Ägyptern und im antiken Griechenland. Also bitte! Auch schulen Murmelbahnen konstruktive Fähigkeiten, und wer die immer schon mal verbessern wollte, geht einfach ein Stück weiter in den Wald hinein, wo keine fertig aufgebauten Bahnen mehr sind, sondern große, roh gezimmerte Streckenstücke zum freien Bauen herumliegen. Das macht Spaß und ist kniffelig. Und es kann passieren, dass man am Ende mit wildfremden Kindern und Erwachsenen zusammenarbeitet. Vom Ehrgeiz gepackt, tüftelt man gemeinsam an einer besonders langen Bahn oder an dieser kniffeligen Kurve, damit die Kugel endlich in der Bahn bleibt. Orte, die Menschen spielerisch zusammenbringen, sind ja oft Orte besonderer Freude. Und am Ende gibt es noch ein flüchtiges olfaktorisches Souvenir: Wer ein paar Stunden in diesem Wald verbracht hat, nimmt den Waldduft in den Haaren mit ins Tal. Das macht dann noch mal glücklich.

TIPP

Nahe beim Eingang in den Kugelwald befindet sich auch ein Ruhebereich mit Sonnenliegen und Bergblick.

- Kugelwald, Halsmarter, 6075 Tulfes, Tel. +43 (52 23) 45 54 40
  www.kugelwald.at
- ÖPNV: Bus 4134, Haltestelle Tulfes Gemeindeamt

Ruhepause am Kraftort

29

Die geheimnisvolle blaue Quelle in Erl

Schwer zu finden ist die blaue Quelle nicht, nur ein paar Schritte von der Dorfstraße durch Erl entfernt, der kleinen Gemeinde direkt hinter der bayerisch-tirolerischen Grenze bei Nußdorf. Trotzdem ist es ein irgendwie klammheimlicher Ort, verborgen hinter dem gleichnamigen Wirtshaus, von der Straße aus nicht sichtbar.

Und dann schaut man lange hin, lässt den Blick über die Wasseroberfläche wandern und versucht, die Farben zu erfassen: Kristallklares Wasser, das überall dort, wo keine Algen wachsen, in allen Türkistönen schimmert, fast wie in der Karibik, bei Sonnenschein wie von innen her leuchtend. Licht und Farben können eben auch glücklich machen, weshalb es am besten ist, bei schönem Wetter zu kommen, irgendwann zwischen Frühling und Herbst, wenn alles um die Wette leuchtet, geheimnisvoll blaugrün-türkis das Wasser, frisch und saftig grün oder auch herbstbunt die Bäume ringsum, in knalligem Kontrast die roten Bänke. Und weil die Österreicher einfach den Trick raushaben, mit unkomplizierten Mitteln für Annehmlichkeiten zu sorgen, stehen dort nicht nur zwei rote Bänke, sondern auch zwei breite, runde Sonnenliegen aus Holz für je zwei Personen. Einzelpersonen dürfen selbstverständlich auch Platz nehmen! So kann man schon mal eine Stunde oder zwei verbummeln, zum Krafttanken, denn schließlich heißt es ja auch Kraftort. Oder auch mit einem guten Buch, einem vertraulichen Gespräch, einem Nickerchen, bei der kontemplativen Wasserbetrachtung und -belauschung. 700 Liter pro Sekunde plätschern hier in das natürliche Becken. Von wo, weiß keiner, wohin es fließt, aber schon: in einen kleinen Bach, der in den Inn mündet. Baden ist nicht erlaubt, und wäre auch arg kalt: Die Wassertemperatur beträgt durchschnittlich nur 7 Grad. Badewasser ist es also nicht, wohl aber Trinkwasser: Ein Teil des Wassers wird vom Bach in einen Brunnen auf der anderen Straßenseite gepumpt, wo man es sich abfüllen kann – ein Kraftort zum Mitnehmen und eine Erinnerung zum Trinken.

TIPP

Der Gasthof Blaue Quelle hat zwei Gault-Millau-Hauben, gutes Essen und schöne Zimmer.

● Blaue Quelle, Mühlgraben 52, 6343 Erl, Tel. +43 (53 73) 81 28
www.blauequelle.at
● ÖPNV: Bus 4026, Haltestelle Erl Mühlgraben

Alt-neuer Burgblick

30

Die frisch restaurierte Burg Heinfels im Pustertal

Wie eine steinerne Krone sitzt Burg Heinfels auf der Kuppe des Berges, funkelnagelneu und jahrhundertealt zugleich. Von unten sieht sie fast unzugänglich aus, aber es führen gut ausgebaute Fußwege hinauf. Noch nicht lange allerdings: 2020 erst wurden die Restaurierungsarbeiten abgeschlossen und seither ist das Pustertal um eine Attraktion reicher.

Wer die mächtige mittelalterliche Wehranlage gebaut hat, diese Information verschwimmt ein wenig im Dunkel der Vergangenheit. Sicher ist aber, dass die Burg im Jahre 1275 in den Besitz der Görzer Grafen überging, damals eine Art Konkurrenz-Adel zu den Habsburgern, die später allerdings viel mächtiger wurden. Damals jedenfalls durften die Görzer ganz genau gewusst haben, warum es sich lohnen würde, die Burg zu bekommen: Der Ausblick ins Tal ist grandios. Was Besuchern heute einfach nur Freude macht, war früher vor allem ein strategisches Plus: Es ließ sich hervorragend nach Feinden Ausschau halten, um sie, je nach Entfernung, mit Pfeilen zu beschießen oder mit Pech zu übergießen. Allerdings ist natürlich nicht bekannt, wie viele adelige Burgdamen ihren Blick einst vor allem sehnsuchtsvoll in die Ferne schweifen ließen und keinen Gedanken an Pfeile und Pech verschwendeten. Ohnehin ist dergleichen nun ja schon sehr lange nicht mehr üblich, zum Glück. Der größte Feind war in jüngeren Jahrhunderten sowieso die Zeit, die an den alten Gemäuern nagte, bis die ganze großartige Burg nur mehr eine Ruine war. Sicherlich hätte die Zeit auch unerbittlich weitergenagt, hätte nicht der Kekshersteller Loacker beschlossen, Burg Heinfels zu kaufen und restaurieren zu lassen. Letzteres geschah bewundernswert geschickt, behutsam und innovativ zugleich: Alles durfte so bleiben, wie es war, wurde ergänzt, aber nicht verändert. Was alt ist und was neu, lässt sich bei einem geführten Rundgang genau unterscheiden – eine spannende Symbiose. Nur an dem Blick dürfte sich nichts geändert haben, der ist so weit und erhaben wie eh und je.

- Burg Heinfels im Pustertal, Panzendorf 1, 9919 Heinfels, Tel. +43 (6 64) 1 67 70 78 www.burg-heinfels.com
- ÖPNV: Bus 961, 965, Haltestelle Panzendorf Gemeindeamt Heinfels

Urzeit-Körperpflege

31 Tiroler Steinöl & Vitalberg am Achensee

Zu diesem Glücksort gehören drei Geschichten: eine märchenhafte, eine naturwissenschaftliche und eine Familiengeschichte. Um sie zu erfahren (und sich mit ungewöhnlichen, aber wirksamen Körperpflegeprodukten einzudecken), fährt man nach Pertisau am Achensee und hält Ausschau nach einem Berg aus Glas.

Passend zu den drei Geschichten besteht auch der Glücksort aus drei Teilen, drei Glücksortsteilen sozusagen: Im Glasberg befindet sich das Café zum Shop, wo es Getränke, Kuchen und kleine Snacks gibt – und einen phänomenalen Blick auf See, Berge und Himmel zugleich. Im Museum erfahren die Besucher die Geschichte rund um das Steinöl, beziehungsweise die eingangs erwähnten drei Geschichten: die der Riesen und des in die Erde geflossenen Riesenbluts, die der fleißigen und tapferen Familie Albrecht und ihres engagierten Familienbetriebs in vierter Generation, und die Geschichte des Steinöls selbst, seines über 180 Millionen Jahre alten Ursprungs und seiner aufwendigen Herstellung. Der Rohstoff ist ein Gestein namens Ölschiefer, der nur unter ganz speziellen Begebenheiten aus fossilen Ablagerungen entstehen konnte – mehr dazu dann im Museum und im Shop, dem dritten Glücksortsteil, wo es alle erdenklichen Pflegeprodukte mit Steinöl zu kaufen gibt: Massageöl, Shampoo und Seife, Hand- und Gesichtscreme. Mutige riechen am Steinölbad oder an der Haussalbe mit besonders hoher Steinöl-Konzentration. Ja, stimmt schon: Aussehen und Geruch lassen eher an Motoröl als an Körperpflege denken, und die Wahrheit ist: Steinöl und Erdöl sind artverwandt. Aber Steinöl ist gesund, wirklich! Sein Geheimnis ist der hohe Anteil an natürlich gebundenem Schwefel, ein wichtiger Nährstoff für Muskeln, Haut und Knochen. Tatsächlich ist Steinöl schon seit dem 14. Jahrhundert bekannt: Die Bauern nutzten es bei Wunden oder Entzündungen nicht nur bei sich selbst, sondern auch bei ihren Tieren. Aber das ist dann wieder eine neue Geschichte.

- Tiroler Steinöl & Vitalberg, Tiroler Steinöl Weg 3, 6213 Pertisau, Tel. +43 (52 43) 58 77, www.steinöl.at
- ÖPNV: Bus 8332, 9550, Haltestelle Pertisau

Vitalberg
Café
VITALBERG

Schaukel-Schau

32

Die Hollywoodschaukel am Panoramaweg Plansee

Es stimmt einfach: Dinge, mit denen man schaukeln kann, üben auch auf Erwachsene einen unwiderstehlichen Reiz aus, ob nun die Hängematte im Garten, der Schaukelstuhl im Wohnzimmer oder die Vogelnestschaukel auf dem Spielplatz, in der manchmal auch große Leute gesichtet werden. Da kann man nur sagen: Sehr gut! Bitte weiterschaukeln! Denn wer gern schaukelt, tut sich damit instinktiv etwas Gutes. Wissenschaftliche Studien haben gezeigt, dass schaukeln einen positiven Effekt hat: Es wirkt beruhigend, hilft bei Schlafstörungen und sogar gegen Schmerzen, weil beim Schaukeln Endorphine ausgeschüttet werden. Die können noch mehr: Sie machen glücklich. Dabei spielt keine Rolle, ob es sich um eine Spielplatzschaukel, einen Schaukelstuhl oder eine schaukelnde Hängematte handelt.

TIPP

Leckeres Essen, Zimmer und eine Schausennerei gibt es in der MusterAlpe am nördlichen Ende des Plansees.

Oder, wie hoch über dem Plansee, um eine Hollywoodschaukel. Sie ist sehr groß, ganz aus Holz gebaut und an einer Stelle platziert, die einen freien Blick über die Baumwipfel hinweg auf den See erlaubt, der je nach Lichtstimmung und Sonneneinfall mal eher blau, mal eher grün schimmert. Da kommt zum Schaukel-Glück auch noch das Ausblick-Glück und das Naturerlebnis-Glück dazu. Und das Wander-Glück: Hin kommt man nur auf dem noch recht neuen, großzügig angelegten Panoramaweg.

Er beginnt beim Parkplatz des Hotels Seespitze, verläuft nach einem kurzen Anstieg ganz eben hoch über dem See und bietet immer wieder grandiose Ausblicke. Nach etwas mehr als 6 Kilometern kommen Wanderer und Mountainbiker, die sich den breiten Weg teilen, beim Hotel Forelle wieder hinunter zum Seeufer. Wer nicht alles zurücklaufen will, nimmt einfach die Fähre. Und wer nicht den ganzen Weg laufen, sondern nur zur Schaukel will, fährt zum Hotel Forelle, parkt dort auf dem großen öffentlichen Parkplatz und hält sich auf dem Panoramaweg links. Je nach Gehtempo ist man nach einer Viertel- bis halben Stunde schon da. Auf die Schaukel, fertig, los!

● Hollywoodschaukel am Panoramaweg Plansee, Parkplatz: Hotel Seespitze, Am Plansee 2 oder Am Plansee 774/6, 6600 Breitenwang

#plansee

Auf Tier-Tour

33 Die Vielfalt des Alpenzoos entdecken

Auf dem Zooplan sieht das Gelände nicht groß aus, aber der Besuch bringt doch ins Schnaufen. Denn der Alpenzoo ist an einem Hang gebaut, es geht also viel hinauf und hinunter. Aber die Schnauferei lohnt sich. Zum einen stellt sich durch die Hanglage bald das Gefühl einer kleinen Bergtour ein: viel Natur, dezent zwickende Waden und ein weiter Ausblick auf Innsbruck und die Bergkette gegenüber. Zum anderen gibt es viel mehr Tiere zu sehen als bei einer Bergtour, wo höchstens aus der Ferne ein paar Gämsen zu erspähen sind und am Gipfel die Dohlen umherfliegen. Hier aber leben Tiere aus den Alpen in enormer, beeindruckender Vielfalt. Natürlich sind auch die Big Five der Alpen vollzählig versammelt: Bartgeier, Steinbock, Gämse, Steinadler und Murmeltier. Wolf, Luchs und Bär leben ebenfalls hier, und mit der Etruskerspitzmaus ein Rekordhalter des Tierreichs: das kleinste Säugetier der Welt.

TIPP
Fernglas oder Kamera mit Teleobjektiv mitnehmen. Wegen der Aussicht auf Innsbruck, Berge und Tiere.

Trotz der Vielfalt muss man die Alpenbewohner manchmal ein wenig suchen, die dank vieler Büsche, Felsen und Höhlen ausreichend Rückzugsmöglichkeiten haben. Das ist Absicht, schließlich sollen sich nicht nur die Menschen wohlfühlen, sondern auch die Tiere. Sie sollen nicht auf dem Präsentierteller sitzen, sondern sich verstecken und möglichst artgerecht leben können. So wirkt die ganze Anlage eher wie ein Naturpark. Die Freude, wenn man endlich den Wolf erspäht hat oder den Adler, ist dafür umso größer. Und manche Tiere sind ganz leicht zu finden, die Waldrappe oder die Geier zum Beispiel, die in begehbaren Gehegen leben, Letztere in einer großen Voliere. Der Weg hindurch gehört zu den besonders spannenden Momenten: Wie reagiert wohl so ein Geier beim Anblick von, nun ja, frischen Menschen? Antwort: gar nicht. Trotzdem ist der freundliche Hinweis an der Voliere beruhigend – und ein bisschen lustig: Die einzige Gefahr, die wirklich von den Geiern ausgeht, ist, dass sie einem auf den Kopf … – na, was wohl?

- Alpenzoo Innsbruck, Weiherburggasse 37 a, 6020 Innsbruck, Tel. +43 (5 12) 29 23 23, www.alpenzoo.at
- ÖPNV: Bus W, Bus 4165, 4176, 4123, 4169, Haltestelle Alpenzoo

Licht-Bilder

34 Herz-Jesu-Feuer als besondere Tradition

Hier eine Wissensfrage: Welche ist eine der schönsten und stimmungsvollsten Tiroler Traditionen? Okay, klar, Weihnachten, aber das wäre zu einfach und zu global. Die gesuchte Tradition findet nur in Tirol und Südtirol statt, im Sommer, und ohne Geschenke. Aber mit Weihnachten hat sie tatsächlich etwas gemeinsam: Überall leuchten Lichter im Dunklen, und es geht auch um Jesus, der in diesem Fall schon im Namen steckt. Was ist's? Die richtige Antwort lautet: die Herz-Jesu-Feuer. In ihnen sind uralte Bräuche, ein in den Bergen einst übliches Verständigungsmittel und ein Stück europäische Geschichte verflochten, und das kam so: Nach der erfolgreichen Niederschlagung des österreichischen Heeres in Norditalien standen die Truppen Napoleons im Jahr 1796 vor Tirol, bereit zur Eroberung. Diese Gefahr vor Augen, baten die Tiroler Gott um Hilfe, indem sie ihr Land dem Heiligsten Herz Jesu anvertrauten. Und weil es schon seit dem Mittelalter den Brauch des Sonnwendfeuers gab, Bergfeuer aber auch zur Kommunikation über weite Entfernungen dienten, begann man, feurige religiöse Symbole auf den Bergen und Berghängen zu entzünden, um die Tiroler auf den gemeinsamen Kampf einzustimmen. Dabei schworen die Tiroler, die Herz-Jesu-Feuer fortan jedes Jahr neu zu entzünden, sollte Gott für Rettung sorgen.
Wie die Sache ausging, sieht man daran, dass die Tiroler seit über 200 Jahren zu ihrem Gelöbnis stehen. Wer das einmal erleben will, fährt zum Beispiel ins Tannheimer Tal, wo die Tradition, immer zehn Tage nach Fronleichnam an zwei aufeinanderfolgenden Tagen, besonders intensiv gepflegt wird. Sie zu erleben, dürfte auch diejenigen berühren, die mit Religion und Spiritualität sonst nicht so viel am Hut haben. Denn es ist ein ans eigene Herz gehender Anblick, wenn die Herz-Jesu-Feuer mit Einbruch der Dämmerung entzündet werden, sich die christlichen Symbole gleichsam wie von Zauberhand ins Dunkel schreiben und erst nach und nach erkennbar werden: ein Kreuz, eine Kirche, Christus mit der Dornenkrone …

● Herz-Jesu-Feuer, Touristinfo: Tannheimer Tal, Vilsalpseestraße 1, 6675 Tannheim
www.tannheimertal.com

Bühne der Berg-Stars

35 Mit drei Bahnen auf die Vallugaspitze

Hoch oben auf fast 3000 Metern auf der kreisrunden Plattform der Vallugaspitze stehen und von einem gewaltigen 360-Grad-Bergpanorama umzingelt sein, das ist schon ein erhabener Glücksmoment. Man steht hier fast wie auf einer Bühne, nur dass in diesem Fall nicht die Berge das bewundernde Publikum sind, sondern man selbst. Die Stars sind die Berge ringsum, einer schöner und wilder als der andere. Am erhabensten fühlt sich das vermutlich an, wenn man sich den Ausblick von der Berg-Bühne selbst erarbeitet, sprich: erwandert hat. Allerdings ist das nur etwas für sehr fitte und bergerfahrene Menschen, denn es handelt sich um eine schwere alpine Tour.

Wer da nicht mithalten kann, muss sich aber nicht grämen, denn die Valluga ist auch ein Seilbahn-Berg. Bis zur Spitze braucht es drei Bahnen, und gerade der letzte Abschnitt fühlt sich auch ohne Bergsteigen recht abenteuerlich an. Los geht es harmlos mit der Galzigbahn, einer geräumigen Kabinenbahn, die zunächst über grüne Wiesen und Bergwald auf den 2179 Meter hohen Galzig schwebt. Jetzt heißt es umsteigen in die Valluga I, die etwas kleiner ist als die Galzigbahn, aber immer noch den Vorstellungen davon entspricht, wie eine Bergbahn in Tirol heutzutage ist. Sie trägt die Besucher auf den Vallugagrat, und das heißt: Fels und noch mal Fels. Es ist jetzt deutlich kühler. So richtig abenteuerlich wird es aber erst bei der dritten und letzten Bahn, der legendären Valluga II. Es gibt sie schon seit 1955. Damals war sie die höchste Seilbahn Österreichs, und die beiden winzigen, wackeligen Kabinen sehen immer noch so aus, als wäre es gerade 1955. In atemberaubend steilem Winkel sausen sie über nackten Fels hinauf bis zur Vallugaspitze. Uff! Gut, dass die Fahrt rasch vorbei ist; sie dauert nur ungefähr 2 Minuten. Die Selbstüberwindung lohnt sich wirklich, denn oben angekommen, geht es nur noch ein paar Treppenstufen hinauf auf die Plattform, wo das 360-Grad-Panorama, die Berggipfel-Umzingelung und der erhabene Glücksmoment warten.

TIPP

Auf dem Galzig wartet mit den „Mutspuren" ein familientauglicher Rundwanderweg mit interaktiven Stationen.

● Vallugaspitze, Arlberger Bergbahnen AG, Kandaharweg 9, 6580 St. Anton am Arlberg, Tel. +43 (54 46) 2 35 20
www.arlbergerbergbahnen.com

Weihnachtslichter allüberall

36

Die Rattenberger Adventstradition

Vor einigen Jahren wurde Rattenberg als der Tiroler Ort bekannt, in den im Winter nicht ein Sonnenstrahl fällt, weil die Sonne, bevor sie das erste Haus erreicht, schon wieder hinter dem eigenen Stadtberg verschwindet. Damals dachte man über ein Projekt nach, bei dem riesige Spiegel aufgestellt werden sollten, um das Sonnenlicht auf die Stadt umzulenken. Das Ganze wurde dann aber nicht umgesetzt, und so liegt Rattenberg bis heute drei Monate lang im Schatten.
Das klingt jetzt nicht so verlockend? Rattenberg ist aber trotzdem ein Glücksort, und ein besonders schöner. Denn die kleinste Stadt Tirols, die gerade mal 400 Einwohner hat, liegt nicht nur sehr malerisch direkt an einer Schleife des Inns, sondern hat auch einen denkmalgeschützten mittelalterlichen Kern, dem Worte wie zauberhaft, malerisch oder romantisch gar nicht gerecht werden können, so zauberhaft, malerisch und so weiter ist es hier. Am allermeisten übrigens zu einer Zeit, in der Sonnenschein sowieso stören würde. Abends im Advent nämlich, wenn an den Vorweihnachtswochenenden überall in den Fenstern der bunten mittelalterlichen Häuser Kerzen stehen, Fackeln an den Hauswänden flackern, die Menschen an den offenen Feuerstellen ins Gespräch kommen und am Marktplatz ein riesiger Christbaum mit den Kerzen, Fackeln und Feuern um die Wette leuchtet. Nur aus den Fenstern der Geschäfte leuchtet dann elektrisches Licht, damit die Kunden auch sehen können, was es zu kaufen gibt. Zum Beispiel, denn auch dafür ist Rattenberg bekannt, ein zerbrechliches Weihnachtsgeschenk aus Glas: eine Lampe, Vase oder Schale, einen Anhänger für den eigenen Weihnachtsbaum. Schließlich ist Rattenberg, auch wenn es so klein ist, das Zentrum der Glasverarbeitung Tirols. Auch die bekannte Glasbläserei Kisslinger hat hier schon seit 400 Jahren ihren Sitz. Rattenberg ist also bei Weitem nicht nur der Ort, in dem im Winter keine Sonne scheint, sondern auch der Ort der Glaskunst, der denkmalgeschützten Bürgerhäuser und der besinnlichen Adventszeit. Eine gute Mischung.

TIPP

Eine lokale Spezialität ist der Rattenberger Adventwein mit Holundergeschmack.

- Rattenberger Advent, 6240 Rattenberg
www.rattenberg.at
- ÖPNV: S4, Haltestelle Rattenberg-Kramsach Bahnhof

Welt im Kleinen

37 Das Naturschutzgebiet Schwemm

Keine zackigen Berge, keine tosenden Wasserfälle oder anderweitig grandiosen Szenerien – unter den Naturschönheiten sind Moore die „hidden gems", die verborgenen Juwelen. Still liegen sie da und offenbaren ihre leisen Geheimnisse nicht sofort. Das Naturschutzgebiet Schwemm etwa tut auf den ersten Blick so, als wäre es einfach eine unspektakuläre Wiese. Dabei wimmelt es hier von Leben, ein verborgenes Spektakel im Kleinen. Drei Dinge sollte man mitbringen, um diese verborgene Mini-Moor-Welt in ihrer ganzen Vielfalt zu erleben: etwas Zeit, eine Prise Geduld und ein gutes Auge. Dem guten Auge kann man mit einer Natur- oder Becherlupe oder einem Fernglas ein wenig nachhelfen. Hobbyfotografen sollten ein Tele- und ein Makroobjektiv einpacken.

Das Moor selbst darf nicht betreten werden. Aber es führt eine schmale, wenig befahrene Straße ringsherum, die ideal ist für eine kürzere Fahrradtour oder einen längeren Spaziergang von etwa eineinhalb Stunden. Und es gibt zwei Plätze zum Verweilen: erstens am Aussichtsturm mit zusätzlichem Steg und Holzterrasse direkt über dem Wasser. Schautafeln und große Fotografien erzählen hier von der Geschichte des Moores und dem Leben der kleinen Geschöpfe darin. Zweitens fast genau gegenüber, wo eine kleine Holzplattform mit zwei Sitzbänken und Geländer zum Anhalten und Übers-Wasser-Beugen einlädt.

Jetzt heißt es: Schau genau! Aus Wasser, Schilfhalmen und schlammigem Boden taucht nach und nach das Leben auf. Je länger man schaut, desto mehr. Erst fällt das Wasserkäfer-Gewusel auf, im Zick-Zack sausen sie über die Wasseroberfläche. Dann die kleinen, blau leuchtenden Libellen. Dann – da! – ein Frosch. Und noch einer! Ist er bräunlich, ist es ein Wasserfrosch, ist er eher grün, ein Grasfrosch. Manchmal sind Kaulquappen zu sehen oder ein Molch. Mit etwas Glück auch eine Ringelnatter oder eine Kreuzotter. Und, je nach Jahreszeit, die verschiedensten Vögel. Die leisen Geheimnisse des Moores eben.

● Naturschutzgebiet Schwemm, 6344 Walchsee

Auf der alten Alm

38 Mit dem Bergbus ins Engtal

Allein die Fahrt ist eine Schau: Mit dem Bergbus Eng geht es gemütlich von Bad Tölz oder Lenggries am Sylvensteinspeicher vorbei und über die bayerisch-tirolerische Grenze, durch den Ort Hinterriß, der der einzige ganzjährig bewohnte Ort im Karwendel ist, und immer tiefer ins Risstal hinein. Am großen Ahornboden vorbei (Glücksort Nr. 26) hält der Bus schließlich am Gasthof Eng. Von dort ist es nur noch ein kurzer Spaziergang an lesenswerten Informationstafeln zum Ahornboden und zum Engtal vorbei, dann erreicht man die Eng Alm, das kleine Almdorf auf ungefähr 1270 Metern Seehöhe mitten im Naturschutzgebiet. Man schätzt, dass die Alm schon vor rund 1000 Jahren genutzt wurde; erste schriftliche Aufzeichnungen stammen aus dem Jahr 1569.

TIPP

Wer will, bleibt über Nacht. Zimmer gibt es z. B. im Gasthof Eng oder im Bauernladen. Bitte reservieren!

Jetzt kann man weiterwandern, bis zum Talschluss zum Beispiel, den Enger Grund, wo Blumenwiesen und Quellbäche warten. Oder einfach durch das Dorf schlendern und die großen, uralten Bauernhäuser mit ihren Fassaden aus dunklem Holz bewundern – nur von außen wohlgemerkt, die Häuser gehören den Menschen, die hier im Sommer die Alm bewirtschaften und auch den Enger Almkäse herstellen, den es nur hier gibt. Zu probieren und zu kaufen gibt es ihn im Bauernladen neben anderen Tiroler Genüssen: Wurst und Speck, Marmeladen und Honig, Schnäpse und Liköre in ungewöhnlichen Geschmacksrichtungen wie Vogelbeere und Zirbe, typische Körperpflegeprodukte wie Schafmilchseife oder Murmeltierbalsam, und natürlich Souvenirs für die Lieben daheim. Wie wär's zum Beispiel mit einem Tirolerhut?

Eltern mit Kindern freuen sich über die Gaststätte und den „Spielschatz", einen Kinderspielplatz, gleich daneben. Während die lieben Kleinen in Sichtweise im Sandkasten oder auf der Kettcar-Bahn toben, dürfen die Eltern einfach dasitzen, beim Nichtstun entspannen, die Sonne und den Anblick der urigen Bauernhäuser und des schroffen Bergpanoramas ringsum genießen. Wer ohne Kinder da ist, darf das natürlich auch.

- Engtal, Eng Alm, 6215 Hinterriß, Tel. +43 (6 76) 84 11 85 21
  www.engalm.at
- ÖPNV: Bergsteigerbus 9569 ab Bad Tölz oder Lenggries, Haltestelle Eng Gasthaus (Mai–Okt)

6

Bullerbü-Plüsch

39 Lamas und Alpakas auf dem Jodlerhof

Ein wenig bullerbü-isch ist es schon hier, tirolerisch-bullerbü-isch. Ein großer Bauernhof mit Blumenschmuck am Holzbalkon, dazu Scheunen und Schuppen, ringsum kaum Nachbarn, nur Wiesen und Wald und in der Ferne die Berge. Hühner scharren auf der Wiese, Kaninchen mümmeln im Holzverschlag, und auf der Weide grasen Lamas, die buckellose Kamelart aus den Anden, und Alpakas, ihre kleineren, sehr plüschigen Verwandten mit dem herzallerliebsten Fellflausch rund um das lustige Gesicht. Beide Arten fühlen sich nicht nur in den Anden, sondern auch in den Alpen so wohl, dass immer mehr Höfe dazu übergehen, sie zu halten. Denn sie liefern herrlich weiche, warme Wolle. Das tun Schafe zwar auch, aber mit ihnen kann man nicht so schön spazieren gehen, mit Lamas und Alpakas aber schon. Und was die Wolle angeht: Die ist besonders hochwertig. Strapazierfähig, schmutz- und feuchtigkeitsabweisend, antistatisch, temperaturausgleichend und, und, und …

Wer die Produkte aus Lama- und Alpakawolle näher kennenlernen will, wirft einen Blick in den kleinen Hofladen. Schals, Socken, Mützen, Bettdecken und sogar Dünger aus Alpakawolle gibt es hier, und, besonders nett, individualisierte Alpakaseife: Auf jeder steht der Name desjenigen Tieres, aus dessen Wolle das Lanolin für die Seife stammt. Und wer Lucy, Jonny, Sergio oder Romeo dann auch persönlich näher kennenlernen will, unternimmt eine Wanderung mit ihnen in Begleitung von Daniela, die vor Jahren der Liebe wegen von München nach Tirol auf den Hof zog und ihrem Beruf als Kommunikationstrainerin noch den der Lama-Mama hinzufügte. Seither lebt sie mit einer Großfamilie aus Mensch und Tier auf dem Jodlerhof: mit Mann Andreas, Schwiegereltern, zwei Menschenkindern und vielen Tieren. Als Züchterin der Lamas und Alpakas weiß sie genau über die Tiere Bescheid – und darüber, welche Wirkung sie auf Menschen haben. Nach einer Wanderung wissen das auch die Besucher. Zum Beispiel, dass so eine Tour mit den sanften, friedlichen Tieren ganz wunderbar entschleunigt.

● Jodlerhof, Hagbühelweg 3, 6385 Schwendt, Tel. +43 (6 65) 65 10 39 49
www.jodlerhof-tirol.at

Wassermarsch

40 Nächtlicher Besuch am Stuibenfall im Ötztal

Am Stuibenfall lässt sich der Erdgeschichte nachspüren – vor allem, wenn man etwas über sie weiß. Deshalb hier jetzt im Zeitraffer: Seine Existenz hat der Stuibenfall einem gewaltigen Bergsturz vor Tausenden von Jahren zu verdanken, bei dem sich riesige Mengen Geröll dem Horlachbach in den Weg warfen und dabei den flachen Tauferberg formten. Der Horlachbach gab sich aber nicht kampflos geschlagen, sondern staute sich zu einer Seenlandschaft auf, deren Wassermassen sich schließlich einen neuen Weg bahnten. So entstand der Stuibenfall, der mit 159 Metern Fallhöhe höchste Wasserfall Tirols. Und wo damals der See war, liegt heute das Horlachtal mit der Ortschaft Niederthai.

Dank Treppenstufen, einer Hängebrücke, zwei Plattformen oder auch eines Klettersteigs kommt man den tosenden Wassermassen ganz nahe. Und einmal die Woche, immer mittwochs, richten sich abends Scheinwerfer auf diesen Ötztal-Star. Mehrere Stunden lang wird er dann beleuchtet, und es finden geführte Laternenwanderungen statt. Das ist eine besonders intensive Art, den Wasserfall zu erleben, am intensivsten im Winter, wenn der Schnee unter den Schuhen knirscht, die Luft kalt und klar ist und sich ein wenig das Gefühl einstellt, auf einer nächtlichen Expedition zu sein. Bei sehr viel Schnee nähert man sich dem Wasserfall vom Tal aus, bei wenig Schnee geht es zur oberen Plattform, von der aus man in den ganzen langen, beleuchteten Wasserfallschlund hineinschauen kann. Und wer nicht wandern, sondern nur mal kurz gucken will: Ein besonders schöner Ausblick bietet sich an der Straße von Umhausen nach Niederthai. Kurz vor Niederthai liegt linkerhand ein Parkplatz. Auto abstellen und den gewundenen Weg zwei Schleifen nach unten gehen – voilà: voller Blick auf den Wasserfall, auf die Lichtpunkte der Häuser oberhalb, auf den dunkel aufragenden Berg, im Idealfall mit ein paar Sternen darüber. Da gesellt sich zum Erdgeschichte-Gefühl noch das Unendliche-Weiten-des-Weltraums-Gefühl. Großes Kino.

● Aussichtsplattform Stuibenfall, Am Tauferberg, 6441 Umhausen

41 Erkundungen auf der Festung Kufstein

Die Festung Kufstein zu besuchen, fühlt sich ein kleines bisschen so an, als wäre man in einer bajuwarisch-tirolerischen Version von Hogwarts gelandet: verwinkelte Ecken, Geheimgänge, trutzige Türme, eine besondere Atmosphäre, und hinter jeder Ecke eine neue Überraschung. Zuerst aber muss man hinauf. Nur ein Flug auf dem Besen wäre vermutlich noch aufregender als eine Fahrt mit der Kabelbahn, die aber auch schon spannend genug ist. Kurz, aber steil. So steil, dass nur in Windeseile ein erhabener Blick über Kufstein möglich ist, bevor die Bahn in der Burganlage verschwindet und zum Stehen kommt. Wer unüberwindbare Höhenangst hat, sollte vielleicht besser zu Fuß durch die alten Gänge hinauf- und nach dem Besuch auch wieder hinuntersteigen. Bei überwindbarer Höhenangst aber bitte unbedingt fahren, der kleine Nervenkitzel macht Spaß.

Oben wartet ein sorgsam, liebevoll und abwechslungsreich gestalteter Rundgang mit einem Ausstellungsraum quasi um jede Ecke, jeweils gekennzeichnet durch ein kleines Schild über dem Eingang, das eine stilisierte Krone zeigt. Je nach Interesse finden hier alle etwas Kurzweilig-Spannendes: zum Beispiel im ganz und gar nicht verstaubten Heimatmuseum die Bärenknochen aus der Tischofer Höhle (Glücksort Nr. 71) oder das Relief vom Kaisergebirge, das den ganzen Fußboden eines Raumes bedeckt. Bei den Kanonen begegnet man dem Hologram-Kaiser Maximilian I., der über sich und sein Leben plaudert und dabei ganz wunderbar versnobt ist. Im Fuchsturm beginnt beim Betreten ein gut gemachter Film auf den Steinwänden zu flimmern, der geschickt alte Bilder und moderne Animationen miteinander verknüpft. Und nach all diesen Eindrücken wartet noch eine nette Pause, bei schönem Wetter im Hof vor dem Restaurant, bei schlechtem Wetter im Restaurant, das eine kleine, aber leckere Auswahl an Speisen und Kuchen hat. Und dann ist da ja noch die grandiose Aussicht von der Burg ins Inntal.

TIPP
Die Festung Kufstein liegt direkt am Stadtplatz, wo man gut bummeln und auch einkehren kann.

● Festung Kufstein, Festung 2, 6330 Kufstein, Tel. +43 (53 72) 6 65 25
www.festung.kufstein.at

Gute Aussichten

42 Die Bergwelt Hahnenkamm Höfen

Achtung, Verwechslungsgefahr: Tirol hat zwei Hahnenkämme. Der eine ist die legendäre, unfassbar steile und gefährliche Skiabfahrt in Kitzbühel, die hier nicht gemeint ist. Der andere ist die Bergwelt Hahnenkamm in der Naturparkregion Reutte, ein Ganzjahresziel mit 16 Kilometern Skipisten im Winter, einer Entdeckerlandschaft mit einem Sammelsurium an kleinen oder auch größeren Höhepunkten im Sommer und einem Panoramarestaurant, das zu jeder Jahreszeit offen hat. Ein Ausflug hier hinauf – möglich ist das sowohl zu Fuß als auch mit der Bergbahn – ist ungeheuer aussichtsreich, und zwar in vielerlei Hinsicht. Zum einen buchstäblich: Vom Hahnenkammgipfel aus hat man eine Aussicht in gleich vier Täler, nämlich ins Lechtal, ins Tannheimer Tal, ins Tal der Naturparkregion Reutte und ins Zwischentoren-Tal in der Zugspitzarena. Beim Weg auf den Gipfel gibt es die Aussicht auf ein besonderes botanisches Erlebnis, denn er führt durch einen alten, verwilderten Alpenblumengarten, was sich je nach Naturell eher romantisch anfühlt (So ein schöner wilder Garten!) oder nach Bildungslücke (Was ist das denn jetzt wieder für eine Blume?). Bergsportler haben je nach Jahreszeit Aussicht auf Schnee und abwechslungsreiche Skipisten oder auf kurze und lange, leichte und schwierige Wandertouren. Familien und Gesundheitsbewusste lockt die Aussicht auf den Barfußpfad hinauf, und alle, die ihr Frischluftvergnügen hungrig gemacht hat, haben natürlich Aussicht auf eine Mahlzeit im Restaurant oder auf einer der Almen, wo es dann auch wieder die andere, buchstäbliche Aussicht gibt, auf die schöne Berglandschaft im Naturpark Reutte nämlich.

Zuletzt wären da noch die Zukunftsaussichten. 2021 erst wechselte nämlich der Betreiber, und mit dem neuen Betreiber kamen auch neue Pläne. Schon in Arbeit sind zum Beispiel ein Speichersee, in dem man auch baden kann, und ein neuer Alpenblumengarten, die beide zum Zeitpunkt der Lektüre dieses Buches vielleicht schon fertig sind. Aussichtsreicher geht es ja gar nicht.

- Bergwelt Hahnenkamm, Bergbahnstraße 18, 6604 Höfen, Tel. +43 (5 67) 26 24 20 www.bergwelt-hahnenkamm.at
- ÖPNV: Bus 110, Haltestelle Höfen Reuttener Seilbahn

Spektakel in fünf Gängen

43

Schlemmen wie im Mittelalter im Ritterkuchl

Essen gehen mal anders! Im Ritterkuchl in Hall in Tirol reist man beim Ritteressen für einen Abend zurück ins Mittelalter. Schon beim Betreten begrüßen historisch passend gewandete Knappen und Burgfräulein die Gäste. An einer mit Kerzen beleuchteten Bar vorbei geht es in den Gastraum unter steinernen Gewölbedecken, wo Ritterrüstungen, alte Lanzen oder Schwerter, weitere Kerzen und dezent platzierte elektrische Beleuchtung für das passende, leicht schummrige Ambiente sorgen. In den groben Holztischen haben sich andere Gäste mit den scharfen Messern verewigt. Früher gab es im Ritterkuchl auch Holzteller, davon sind sie aber wieder abgekommen, weil zu viele Gäste dann auch in die Teller ihre Messer gerammt haben. Das Tongeschirr ist haltbarer.

TIPP

Es gibt auch vegetarische Menüs oder die Möglichkeit, sich eines zu teilen – einfach vorher anrufen.

Bevor es mit dem Essen losgeht, noch der Hinweis, der vor allem Kinder zum Kichern bringt: Selbstverständlich darf gerülpst werden. Im Mittelalter war man da schließlich ganz ungeniert. Und dann geht es los: zur Begrüßung ein Gläschen Met, also Honigwein, dann nach altem Rezept gebackenes Brot mit würzigen Aufstrichen, Gemüsesuppe, gegrilltes Fleisch, ein Küchlein zum Abschluss. Was es nicht gibt: eine Gabel. Gabeln galten im Mittelalter als Teufelszeug, also wird mit den Fingern gegessen, und es dauert zwei, drei Gänge, bis der Automatismus, doch zum Teufelswerkzeug Gabel greifen zu wollen, sich abstellt. Und weil der Mensch nicht vom Brot allein lebt, umrahmt das Ganze ein Showprogramm. Denn die Kellner sind nicht einfach Kellner, sondern Künstler und Schauspieler, die auch auf Mittelalterfesten auftreten und ihr Metier verstehen. Und so gibt es Musik mit dem Dudelsack und der Trommel und ein fröhliches Mitmachprogramm, bei dem die Gäste Aufgaben erfüllen müssen und mitmusizieren dürfen. Ein lustiges, augenzwinkerndes Spektakel, bei dem man sich nicht nur kulinarisch, sondern auch kulturell hinterher gut gesättigt und zufrieden fühlt.

● Ritterkuchl zu Hall, Salvatorgasse 6, 6060 Hall in Tirol, Tel. +43 (52 23) 5 31 20
www.ritterkuchl.at

Ritterkuchl
ZU HALL
IN TIROL

Wunderbare Wanderrunde

44 Einmal zu Fuß um den Hintersteiner See

Schon die Fahrt vom weiten Tal des Wilden Kaisers die schmale kurvige Straße bergauf durch den Bergwald ist ein Erlebnis. Am Parkplatz angekommen, warten, jedenfalls im Hochsommer, ein Schwimmbad-Abschnitt für ein Bad in einem der klarsten und saubersten Tiroler Seen, und zu jeder Jahreszeit ein wunderbarer Rundwanderweg. Die Frage ist nur noch: Links oder Rechts herum? Anders gefragt: Den anspruchsvolleren Abschnitt zuerst oder doch lieber langsam warm werden? Wer Letzteres wählt, folgt zunächst der fast steigungsfreien Straße entlang des sonnenbeschienenen Nordufers und wandert auf dem mit mehr Auf und Ab versehenen zweiten Abschnitt am Südufer bergauf und bergab zurück, wo der Weg durch den Wald führt und somit schattiger ist.

TIPP

Die Jausenstation Goingstätt-Hof vermietet auch Zimmer.

Je nach Anzahl der Fotostopps – diese nicht einzulegen, verlangt bei *der* Landschaft durchaus Selbstbeherrschung – dauert die Wanderung insgesamt eine bis eineinhalb Stunden, bei vielen Fotostopps und Einkehr in der idyllisch auf halber Strecke liegenden Jausenstation Goingstätt-Hof aber auch viel, viel länger. Erst recht, wenn auch noch Alpakas den Weg kreuzen. Die Tiere gehören zur Jausenstation, machen es aber ganz gern wie die menschlichen Zweibeiner und gehen spazieren – und dabei recht zutraulich auf die Wanderer zu. Und noch eine zweite Tierbegegnung rührt ans Herz: Je nach gewählter Richtung sind zu Beginn oder am Ende der Wanderung feine, fröhlich klingende Glöckchen zu hören. Der Anblick ihrer Besitzer stimmt gleich noch fröhlicher: Eine Herde possierlicher kleiner Bergziegen, sogenannte Tauernschecken, stakst hier am Seeufer entlang. Die Begegnung mit ihnen gehört gebührend wertgeschätzt, denn dass diese seltene Ziegenrasse, obwohl robust und langlebig, noch nicht ausgestorben ist, liegt am Engagement weniger idealistischer Züchter. Bestimmt sind die kleinen Gebirgsziegen schon in vielen Fotoalben gelandet, sie machen sich zu nett auf der Wiese vor der Berg-Wald-See-Idylle.

- Hintersteiner See, Parkplatz: Wilder Kaiser, Hinterstein 52, 6351 Scheffau am Wilden Kaiser
- ÖPNV: Wanderbus Hintersteiner See, im Sommer täglich zwischen Scheffau Dorf und Hintersteiner See

Im Thermaltempel

45 Entspannen im Aqua Dome in Längenfeld

Dieses Kapitel bräuchte eigentlich eine andere Überschrift, zum Beispiel: „Raffiniert gestaltetes Thermalbad der allergehobensten Extraklasse" oder „Wellnessluxus im alpinen Designwunder Aqua Dome", aber das passt von der Länge nicht hin. Zumindest müsste der Aqua Dome im Folgenden also umso hymnischer beschrieben werden – verdient hätte er es! Die Warmwasserschalen! Der Dampf-Dom! Der automatische Sauna-Aufguss! Die Ruhebetten! Aber weil auch dafür der Platz knapp werden könnte, lautet die Empfehlung einfach: Hingehen! Das herrlichste Erlebnis beschert dieser Thermaltempel im Winter nach einem langen Tag im Schnee – und nach Einbruch der Dunkelheit, wenn die wechselnden Lichter der scheinbar schwebenden, riesigen Schalenbecken eine besondere, schummerige Stimmung zaubern, während ringsum stumm und dunkel die Silhouetten der schneebedeckten Berge aufragen und am Himmel die Sterne funkeln. Schon aus der ersten Schale will man nie wieder raus. Aber es gibt ja noch zwei! Jede ist gefüllt mit einem anderen gesunden Wasser, das immer schön warm ist, auch bei klirrender Kälte der Luft. Die trifft nur während dem ganz kurzen Weg im Freien zwischen den Schalen und dem hohen Glaskegel auf die Haut. Brr! Kalt! Winter! Kleine Mutprobe! Im Kegel, worin sich die Treppe zu den anderen Schalen befindet, ist es aber gleich wieder schön warm, und in den Becken sowieso.

TIPP

Übernachten gefällig? Der Aqua Dome ist nicht nur eine Therme, sondern auch ein 4-Sterne-Hotel.

Wer sich noch mehr einheizen lassen will, geht danach in die Sauna. Das lohnt sich auch abends noch, bis 23 Uhr ist geöffnet, freitags sogar bis Mitternacht. Das Wort Sauna-Gang hat hier übrigens doppelte Bedeutung, denn es gibt einen echten langen Gang, an dessen Seiten und Enden verschiedenste Warm-, Heiß- und Ruheräume, Wasser- und Kneippbecken liegen. Und weil wirklich an alles gedacht ist, gibt es in der Therme noch eine Wasserwelt für Familien, ein Restaurant mit Salatbar, Burgern, Pastagerichten und feinen Desserts, und in der Saunawelt ein Bistro – und jetzt passt wirklich kein Text mehr hin, um weitere Wonnen zu beschreiben.

- Aqua Dome, Oberlängenfeld 140, 6444 Oberlängenfeld, Tel. +43 (52 53) 64 00
www.aqua-dome.at
- ÖPNV: Bus 44, 4194, 8352, Haltestelle Längenfeld Gemeindeamt

Das Werk des Drachen

46

Zum Wandern in die Kundler Klamm

Angeblich genügen nur 9 Minuten in der Natur, damit sich ein Gefühl von Entspannung einstellt – das ist eh schon sehr wenig. Aber beim Spaziergang durch die Kundler Klamm könnte es glatt noch schneller gehen. Die Naturschlucht verbindet die Wildschönau mit dem Inntal bei Kundl, und egal von welcher Seite man losläuft, nach wenigen Schritten ist man mitten in schönster Natur. Der Fluss rauscht, Blumen blühen am Wegesrand, baumbewachsene Felswände ragen auf. Ein Zusatzvergnügen ist der kleine Bummelzug, der von Mitte Juni bis Mitte Oktober zwischen dem Ort Oberau und der Klamm hin- und herfährt und die Wanderer, je nachdem von welcher Seite sie starten, von der Wildschönau zur Klamm bringt oder ihnen am Ende der Wanderung noch einen Abstecher in die Wildschönau ermöglicht.

Und weil der Weg durch die Klamm breit und gut befestigt ist und kaum eine Steigung hat, braucht es auch keine besondere Kondition, keine Trittsicherheit, keine Erfahrung am Berg, um Berg und Tal, Klamm und Fluss genießen zu können. Sogar kinderwagen- und rollstuhltauglich ist die Tour. Ausreichend Sitzbänke laden zu Rast und Picknick ein, zumeist in Gesellschaft von lustig geschnitzten Drachenskulpturen, dem Wappentier der Wildschönau, das es nicht übel zu nehmen scheint, dass die Legende eine für Drachen wenig schmeichelhafte Geschichte erzählt: Die Wildschönau soll einst ein See gewesen sein, in dem ein schrecklicher, menschenfressender Drache lebte. Einem jungen Bauern gelang es, das Ungeheuer schwer zu verwunden, das daraufhin im Todeskampf ein Loch in die Felsen biss. Der See floss ab, die Wildschönau und die Kundler Klamm entstanden. Das klingt jetzt zwar nach einer spannenden, aber nicht gerade nach einer entspannenden Geschichte. Keine Sorge: Die Wanderung durch die Klamm gehört zu den entspannendsten und schönsten Wanderungen dieser Region.

TIPP

Auf Inntal-Seite liegt das Gasthaus Kundler Klamm mit Terrasse und gehobener Küche.

● Kundler Klamm, Parkplatz: Klammstraße 34, 6250 Kundl, Abfahrt Bummel Wildschönauzug: Hotel Färberwirt, Oberau 75, 6311 Wildschönau

Barocke Pracht

47 Die Pfarrkirche Maria Himmelfahrt Ebbs

Wie üppig sie ausgestattet ist, sieht man der Kirche von Weitem nicht an. Eins dieser Dorfkirchlein eben, oder? Aber von wegen. Schon beim Näherkommen merkt man, so klein ist dieses Kirchlein nicht, es ist vielmehr eine ausgewachsene Kirche. Weiß, mit gelben Einfassungen und Zwiebelkirchturm. Schlicht und unaufdringlich, sodass man trotzdem den Fehler machen könnte, einfach daran vorbeizufahren. Bloß nicht! Man würde das prächtige Innere versäumen, und das wäre schade. Nicht umsonst wird die Kirche auch Ebbser Dom genannt und gilt als eine der schönsten Barockkirchen Tirols, überaus großzügig bemalt, mit zahlreichen goldenen Engeln und Heiligenfiguren geschmückt und mit einem spektakulärem Holzaltar ausgestattet. Aber Beschreibungen allein werden Schönheit und Pracht selten gerecht, das sollte schon gesehen, erlebt und gefühlt werden. Also einfach das Auto auf dem Parkplatz gegenüber stehen lassen, Straße und Friedhof überqueren, hineingehen, staunen, wirken lassen. Für Kenner und solche, die sich interessieren, gehört natürlich erwähnt, dass der Hochaltar von Josef Martin Lengauer ist, das herrliche Deckengemälde und einige Fresken von Josef Adam Mölk. Die liebreizende holzgeschnitzte Madonna mit Kind stammt aus der Mitte des 15. Jahrhunderts und wurde vermutlich, genauer weiß man es nicht, vom Vorgängerbau übernommen. Denn eine Kirche stand hier schon seit dem Frühmittelalter, zunächst eine aus Holz, später eine gotische Steinkirche. Das heutige Exemplar schließlich baute Abraham Millauer, ein bayerischer Baumeister, von 1748 bis 1756. Der Legende nach ereignete sich während des Baus ein kleines Wunder: Angeblich hatte der Bauleiter sich mit dem Material verkalkuliert und die Bausteine gingen aus. In seiner Not sprach der Mann ein Gebet, und prompt ereignete sich in der Nacht ein Bergsturz, der das notwendige Material ins Tal brachte. Eine auch im übertragenen Sinne wundervolle Kirche also.

TIPP

Kaffee, Kuchen, Snacks oder Eis gibt es im Domcafé am Dorfplatz gleich bei der Kirche.

- Pfarrkirche Maria Himmelfahrt Ebbs, Kaiserbergstraße 2, 6341 Ebbs
- ÖPNV: Bus 4030, 4036, Haltestelle Ebbs Schulzentrum

Herbstfeuer

48

Die Landschaft an der Defereggentalstraße

Aufrecht stehen sie da, leuchten wie Fackeln in der Herbstsonne und bilden einen starken Kontrast zu dunkelgrünen Zirben und dunkelbraunem Boden. Die Rede ist von den Lärchen, die an der Defereggentalstraße die Bergflanken je nach Höhe mal übersäen, mal luftig bedecken, mal nur vereinzelt sprenkeln, sie aber immer mit ihrem satten, goldgelb-orangen Leuchten schmücken, als wäre jeder einzelne Baum von innen entflammt.

Dazu muss man wissen, dass die Lärche der einzige Nadelbaum ist, der es den Laubbäumen gleichtut: Im Herbst verfärben sich die Nadeln, dann fallen sie ab, um im Frühjahr neu auszutreiben, anfangs zartgrün und später dunkelgrün. Den Trick mit dem Nadelabwurf beherrscht nur die Lärche. Damit schützt sie sich vor dem Verdursten im Winter. Denn über Blätter wie über Nadeln verdunstet das Wasser in den Bäumen, das im Winter, wenn der Boden gefroren ist, nicht mehr aus der Erde aufgenommen werden kann. Die Zirben haben auch einen Trick auf Lager: eine Wachsschicht auf den Nadeln, sodass weniger Wasser verdunsten kann. So halten beide Baumarten, die letzten vor der Waldgrenze, Temperaturen bis minus 40 Grad stand. So viel zur Wissenschaft, zur Botanik. Jetzt zur Poesie, zur wilden Schönheit dieser Herbstlandschaft an der alpinen Baumgrenze: grüne Zirben und orangegoldene Lärchen, dann grauer, nackter Fels, weiße Schneeflecken, und darüber der hohe blaue Herbsthimmel. Ein Landschaft gewordenes Herbstgedicht, in dem man auch herumwandern kann, zum Beispiel bei der leichten Tour ohne Steigungen vom Wanderparkplatz Grünbichl bis zum Obersee und Staller Sattel (Glücksort Nr. 17). Erfahrene Bergwanderer wählen mit dem Marsch zum Pfannhorn auf 2820 Metern Höhe dann eher, um im Bild zu bleiben, kein schlichtes Gedicht mehr, sondern ein Epos: eine herausfordernde, schwarz gekennzeichnete Ganztagestour durch anspruchsvolles alpines Gelände bis weit über die Baumgrenze mit ihren leuchtenden Zirbenfackeln hinaus.

TIPP

Im Sommer und frühen Herbst sitzt und isst es sich sehr gut in der Ausserweger-hütte Staller Alm.

- Defereggentalstraße, Wanderparkplatz: Grünbichl, Defereggental Landesstraße, 9963 St. Jakob i. D.
- ÖPNV: Bus 953, Haltestelle St. Jakob i. D. Infohaus

Läuten für den Frieden

49 Die Friedensglocke Mösern

Stumm und imposant steht sie auf der Hügelkuppe und überblickt das Inntal. Einmal am Tag aber erinnert sie daran, was zu den allerwichtigsten Dingen im Leben der Menschen gehört: Frieden. Denn jeden Tag um 17 Uhr erklingt die Friedensglocke in Mösern bei Telfs. Den gewaltigen, über 10 Tonnen schweren und 2,50 Meter hohen Bronzekörper hat die berühmte Glockengießerei Grassmayr in Innsbruck gegossen; auf ihm steht: „Ich läute für die gute Nachbarschaft und den Frieden der Alpenländer". Am 12. Oktober 1997 wurde sie eingeweiht, zu Ehren der damals 25 Jahre zurückliegenden Gründung der ARGE ALP, der Arbeitsgemeinschaft Alpenländer. Es war damals, 1972, eine Gründung mit Weitsicht, die das zusammenwachsende Europa, aber auch gemeinsame Probleme ökologischer, sozialer oder wirtschaftlicher Art bereits in den Blick nahm: „Die unzähligen Folgen ökonomischer, umweltbezogener und gesellschaftlicher Entwicklungen machen nicht an Staatsgrenzen halt", heißt es heute auf der Website der ARGE ALP. Provinzen, Regionen, Kantone und Bundesländer aus vier Ländern sind beteiligt: aus Österreich die Bundesländer Salzburg, Tirol und Vorarlberg, aus Deutschland der Freistaat Bayern, aus Italien die Provinzen Trient, Südtirol und die Lombardei, aus der Schweiz das Tessin, St. Gallen und Graubünden. Sie alle verbindet symbolisch der Klang der Glocke.

Wer den Besuch bei ihr mit einer Wanderung verknüpfen will, wandert den Friedensweg, einen schönen Panoramaweg, in etwa eineinhalb Stunden bis zur Glocke, was sich allein schon deshalb lohnt, weil man ihr viel näher kommt als üblicherweise anderen Kirchenglocken, die sich sonst meistens in hohen Kirchtürmen verstecken. Und es lohnt sich auch, weil der Blick auf Telfs und das Inntal von hier aus wunderbar ist. Wenn es dann noch 17 Uhr wird, die Glocke zu läuten beginnt und ihre Botschaft weithin hörbar ins Tal sendet, ist das ein feierlicher Augenblick, der daran erinnert, wie überaus wichtig Frieden ist.

● Friedensglocke Mösern, Möserer Dorfstraße 11, 6100 Telfs

Versteckte Idylle

50 Der Zauber des Berglsteiner Sees

Der Berglsteiner See im Alpbachtal ist ein Idyll, und zwar ein so schönes, dass es fast unwirklich scheint: die von kleinen Fichten gekrönten Findlinge, die am Ufer liegen und aus dem See ragen, die Lichtreflexe im Wasser und auf dem Waldweg, die sich auf der Wasseroberfläche spiegelnden Felsen der Voldöpper Spitze, das knorrige Wurzelwerk der sich an den Fels klammernden Bäume, die friedlich dahingleitenden Enten, das dunkle Grün des Sees. Und auch das wenige, das von Menschen stammt, fügt sich harmonisch in die Natur ein: die Bänke am Ufer, die Stege ins Wasser und die niedrigen Holzpodeste am Ufer, damit Besucher auch dann, wenn die Wiesen am Ufer zu nass sind, trockenen Handtuchs in der Sonne liegen können. Das enorme und wunderschöne Holzhaus direkt am Seeufer wirkt ein wenig wie eine überdimensionale Jägerhütte, ist aber ein Restaurant, das seit dem Jahr 2021 wieder geöffnet ist. Auf der Holzterrasse direkt über dem Wasser dürften selbst diejenigen ins Träumen kommen, die sonst nicht so leicht von Naturromantik überwältigt werden.

Mit dem Auto ist dieser fantastische kleine Fleck nicht zu erreichen, nur zu Fuß oder mit dem Mountainbike. Auch das trägt zu der unvergleichlichen Ruhe bei. Der Weg ab dem Parkplatz Berglsteiner See ist als sogenannter „Leichter Lernen Pfad" gestaltet, auf dem Schautafeln immer neue lustige Übungen zum Verbessern der Konzentrations- und Merkfähigkeit vorschlagen. Derart mental auf Kurs gebracht, kann man sich am Berglsteiner See dann ganz der kontemplativen Ruhe hingeben – oder einfach nur einem total entspannenden Sonnenbad am Ufer, vielleicht auch, an warmen Tagen, einer Schwimmrunde im Wasser. Wer noch bewegungshungriger ist, macht gleich die ganze, etwa fünfstündige Rundtour vom Reintaler See in Kramsach auf die Voldöpper Spitze (1509 Meter) und über die Heumöser Alm und den Berglsteiner See zurück.

TIPP

Für die Rundtour Brotzeit mitnehmen, das Restaurant am See ist die einzige Einkehrmöglichkeit.

- Berglsteiner See, Parkplatz: Seen Straße Ecke Oberberg, 6266 Kramsach
- ÖPNV: Bus 4113, Haltestelle Kramsach Parkplatz Halbinsel

Ganz schön überspannt

51

Die Hängebrücke der Burgenwelt Ehrenberg

Zu sagen, dass die Sache mit der Highline179 in Reutte eine überspannte Idee war, ist vollkommen richtig, schließlich spannt sich die Hängebrücke auf 406 Metern Länge und in 114 Metern Höhe über dem Abgrund zwischen zwei Bergkuppen auf. Damit ist sie so lang, dass sie sich kurz nach ihrer Eröffnung im November 2014 sogar einen Eintrag im Guinnessbuch der Rekorde gesichert hat, als „längste Tibet Style Fußgängerhängebrücke" der Welt. Den Rekord machte ihr zwar eine Fußgängerbrücke im russischen Sotschi streitig, aber ganz ehrlich, wer sie gerade überquert, der denkt garantiert nicht darüber nach, ob irgendwo auf der Welt noch eine andere lange Brücke ist. Diese hier reicht völlig aus! Dieser Blick durch die Bodengitter nach unten! Und wie das wackelt! Das tut es derart, dass der Reflex, sich festzuhalten oder gar festzuklammern, nur schwer zu unterdrücken ist. Und dann dauert es auch noch mehrere Minuten, bis man drüben ist, uff! Wem jetzt schon beim Lesen schwindelig wurde – doch, das ist zu schaffen. Und die Überwindung ist es wert, auch wenn fantasiebegabten Personen vermutlich genau während dem Weg hinüber mindestens eine besonders spektakuläre Cliffhanger-Szene von abreißenden Hängebrücken in Actionfilmen einfällt. Geschenkt – diese hier hält!

TIPP

Jedes Jahr im Sommer finden in der Burgenwelt die Ritterspiele Ehrenberg statt.

Drüben wartet als Belohnung ein Spaziergang zur Ruine Fort Claudia, die zu dem Burgenensemble der Burgenwelt Ehrenberg gehört. Und es wartet der sensationelle Blick auf Burg Ehrenberg selbst und auf die Brücke über das enge Tal. Links neben Burg Ehrenberg sieht man auch ein wenig die Ruinen der Festung Schlosskopf zwischen den Bäumen aufragen. Sie sind der einzige Teil des Ensembles, der noch nicht genutzt wird. Und am Schluss noch ein kleiner Hinweis für alle, die sich nicht überwinden konnten, die Wackelbrücke zu betreten: Es gibt hier genug anderes zu tun und zu entdecken – das Museum in der Festung Klause im Tal zum Beispiel, in dessen 14 Räumen sich alles um die Welt der Ritter und Burgen dreht, oder das Restaurant im urigen Salzstadel.

- Burgenwelt Ehrenberg, Klause 1–5, 6600 Reutte, Tel. +43 (56 72) 6 20 07
www.ehrenberg.at
- ÖPNV: Bus 150, 151, Haltestelle Reutte in Tirol Abzw Ehrenberger Klause

Glückskunst

52 Tina Hötzendorfers Rollin' Art Gallery in St. Johann

Die Tirolerin Tina Hötzendorfer, Jahrgang 1986, hat mit Mitte 30 bereits beeindruckend viel aus ihrem Leben gemacht: Erfolgreiche Unternehmensgründerin mit eigenem Ladengeschäft und mehreren Angestellten mitten in St. Johann. Preisgekrönte Künstlerin mit unverwechselbarer Handschrift und Ausstellungen in Wien, Paris, London, New York. Vortragsrednerin. Im Jahr 2021 kurz vor Weihnachten die Geburt des ersten Kindes, die Familiengründung. Wer Tinas Rollin' Art Gallery betritt, bemerkt sofort, worum es hier geht: um Lebensfreude, Leichtigkeit, Fröhlichkeit. Das drückt sich in den unverkäuflichen Originalkunstwerken an den Wänden ebenso aus wie in den schönen, alltagspraktischen Dingen, die es zu kaufen gibt: Tassen und Taschen, T-Shirts und Trinkflaschen, Spardosen, Schürzen, Schreibblöcke und mehr, alles bedruckt mit farbenfrohen, verspielten Motiven: Blumen, Herzen, Sonnen, Sterne. Schmetterlinge, Schildkröten, Faultiere, Elefanten. Auch das Glück selbst ist ein Motiv: Tassen sind mit Glückssprüchen bedruckt, das „Rollin' Art Glücksbuch" enthält Ausmalbilder, inspirierende Texte und freie Seiten für eigene Notizen. Ein Klassiker ist das „Glücksglas" zum Sammeln schöner Momente.
Aber es leuchtet nicht nur die Kunst, sondern auch die Person – als Vorbild, wenn es darum geht, zu verstehen, dass Lebensfreude, Glück und ein gelingendes Leben sehr viel mit der eigenen Haltung und mit innerer Arbeit zu tun hat. Denn mit 21 Jahren hatte Tina einen schweren Snowboardunfall, nach dem sie sich in einem neuen Leben als Rollstuhlfahrerin mit hohem Querschnitt zurechtfinden musste. Noch im Krankenhaus fing sie an zu malen; ihre Maltechnik mit zwei Händen hat sie selbst entwickelt, denn auch die Finger sind von der Lähmung betroffen. Wer noch mehr über die Ausnahmekünstlerin erfahren will, wirft einen Blick in den Blog auf ihrer Website. Ein Beitrag trägt den Titel: Kann man Glücklichsein lernen? Lesen lohnt sich, die Antwort ist sehr klug und berührend.

● Rollin' Art Gallery, Speckbacherstraße 37, 6380 St. Johann in Tirol, Tel. +43 (6 64) 1 57 46 95, www.rollinart.at

live laugh love

Der Anblick der Legende

53 Im Ködnitztal am Fuß des Großglockners

Schon die Anfahrt auf der gebührenpflichtigen Kalser Glocknerstraße durch die einsame alpine Landschaft ist eine Art Glücksort, oder eher eine Glücksstrecke, Glücksstraße, Glücksfahrt – außer vielleicht, man hat Respekt vor der Höhe und sitzt auf dem Beifahrersitz. Denn die Straße ist schmal, hat meistens keine Leitplanke, und der Abhang liegt auf der Hinfahrt rechts. Augen zu und durch! (Gilt selbstverständlich nur für die Beifahrer.)

Denn irgendwann ist man ja da, und das lohnt sich. „Da" ist zunächst mal der Parkplatz Glocknerwinkel, von wo aus es nur noch zu Fuß weitergeht. Die Dimension des Parkplatzes zeigt: Hier wollen viele hin. Denn er ist riesig, streng genommen sind es sogar zwei große Parkplätze hintereinander. Dennoch wirken sie klein im Vergleich zu den hohen Bergen ringsum und ihrem König, ihrem Boss, ihrem … na ja, dem legendären Großglockner eben. Der höchste Berg ganz Österreichs, begehrtes Ziel für Gipfelsammler, einer der „Seven Summits" der Alpen, erstbestiegen am 28. Juli 1800, ein Berg, der seit über 200 Jahren Alpingeschichte schreibt. 3798 Meter hoch ragt er so atemberaubend schön und mächtig am Ende des lang gestreckten Ködnitztals empor, wie ein Berg nur atemberaubend schön und mächtig emporragen kann. Das ganze Tal scheint ihm zuzustreben, ihn ins Visier zu nehmen, diesen riesigen Klotz von Berg, er könnte auch Großklotzner heißen, oder Klotzglockner, oder – pardon. Es muss die Höhenluft sein, die solche etwas albernen Gedanken verursacht. Oder die Aufregung bei der Aussicht, dieser Berglegende bei einer Wanderung noch ein Stück näher zu kommen. Für jedes Bedürfnis gibt es hier eine Tour: vom entspannten Spaziergang bis zum sehr langen, gut zu planenden, schweren Aufstieg mit Bergführer bis zum Gipfel. Eine Wanderung von gut einer Stunde führt zur Lucknerhütte, wo es, wie auch im Lucknerhaus gleich beim Parkplatz, von Mai bis Oktober hervorragendes Essen gibt und auch übernachtet werden kann. Um der Legende am nächsten Tag vielleicht noch ein wenig näher zu kommen.

- Großglockner, Parkplatz und Lucknerhaus: Glor-Berg 16, 9981 Kals am Großglockner
- ÖPNV: Kalser Tälerbus, Michael Berger, Ködnitz 16, 9981 Kals am Großglockner, Tel. +43 (6 64) 5 21 90 89

See und Film

54 Der Thiersee im Kufsteiner Land

Hinter den Bergen, bei den sieben Zwergen ... Solche oder ähnliche Assoziationen mögen sich einstellen, wenn man von Kufstein die Straße Richtung Thiersee hinunterfährt. Nicht nur, weil sich bald eine fast märchenhaft schöne Landschaft offenbart. Auch die hineinassoziierten Zwerge passen eigentlich ganz gut, weil hier alles eine Nummer kleiner ist. Das Dorf, der fast kreisrunde, grün schimmernde See, sogar die umliegenden Berge sind klein, jedenfalls für Tiroler Verhältnisse. Das, was hier groß ist, sieht man nicht, aber man kann es spüren: die Ruhe und Entspanntheit an einem der ältesten Kraftplätze des Kufsteiner Landes. Spätestens bei einem Spaziergang auf dem schilfbestandenen und, in der warmen Jahreszeit, auch blumenbewachsenen Seeuferweg spürt man es oder bei einer Tretbootfahrt auf dem See. Wenn man auf einer Bank oder einem Steg sitzt und lauscht, wie der Wind im Schilf knistert. Wenn im Sommer die Kinder im öffentlichen See-Freibad planschen und lachen oder, an kalten Tagen, fast vollkommene Stille herrscht. Aber egal zu welcher Jahreszeit man den Thiersee besucht, es wartet eine andere, ruhigere und entschleunigte Welt. Abgeschieden, aber nicht abgeschnitten, so fühlt es sich an. Sowieso ist Kufstein ganz nah, nur einmal über den Berg.

TIPP

Im „Vidro, der Genussraum" gibt es moderne, exzellente Küche und Seeblick.

Und es gibt noch zwei andere Aspekte, die diesen Ort speziell machen. Zum einen werden hier schon seit dem Jahr 1799 alle sechs Jahre Passionsspiele aufgeführt; mehr als die Hälfte aller Thierseer wirken mit. Zum anderen war die Gemeinde Thiersee nach dem Zweiten Weltkrieg für kurze Zeit ein Zentrum der österreichischen Filmindustrie. Heute gibt es unter dem Motto „Die Tiroler Traumfabrik" einen Themenweg dazu, der am Musikpavillon beginnt und rund um den See führt. Viele Schautafeln erzählen von den – auch internationalen – Stars und Regisseuren sowie den Schwarz-Weiß-Filmen, die sie im Thierseer Filmatelier drehten. Ein kleiner Ort, der mal ganz groß war. Irgendwie ist er das noch immer. Auch wenn alles eine Nummer kleiner ist.

- Thiersee, 6335 Vorderthiersee
- ÖPNV: Bus 4046, Haltestelle Thiersee Gh Weißes Rössl

Ort der Geschichten

55 Markt und Museum Reutte

Gäste der beschaulichen Marktgemeinde mit ihren knapp 7000 Einwohnern dürfen, bevor es sie in den Naturpark zieht, zwei Programmpunkte nicht versäumen: erstens einen Rundgang durch den Ortskern von Reutte mit seinen kunstvoll bemalten Bürgerhäusern zu machen, und zweitens, wenn sie dann vor dem auffallend grünen Bürgerhaus stehen, auch gleich das preisgekrönte Museum zu besuchen, das sich darin befindet. Passend zu seiner unübersehbaren Fassadenfarbe heißt es Museum Grünes Haus und seine Fenster sind schick mit Lüftlmalerei geschminkt. Diesen Schmuck hat ihm Johann Jakob Zeiller, der berühmteste Spross der Unternehmer- und Malerfamilie Zeiller, schon im 18. Jahrhundert verpasst – und nicht nur ihm. Wer mehr über die Familie Zeiller, ihr Wirken und ihre Werke in Reutte wissen will, bucht am besten im Museum eine Führung durch den Ort. Denn erst beim Rundgang in Begleitung einer der überaus charmanten und kenntnisreichen Mitarbeiterinnen erfährt man die besonders interessanten Geschichten, solche, die nicht im Reiseführer stehen. Zum Beispiel, warum immer wieder exotische Tiere wie Affen oder Papageien auf den Fassaden herumklettern – gemalte natürlich. Oder warum auf der Rückseite des üppig bemalten Zeillerhauses ein Engerl seinen nackten Hintern schon seit 250 Jahren allen entgegenstreckt, die sich Reutte von Lechaschau auf der anderen Seite des Lechs her nähern.

TIPP

Für Führungen drei Tage vorher anmelden. Für Aktiv-Card-Inhaber bietet das Museum Nachtführungen an.

Überraschend viele detailreiche Geschichten gibt es auch im Museum Grünes Haus, zu entdecken, zum Beispiel die Geschichte der Geierwally. Manche kennen noch den Schwarz-Weiß-Film aus den 1940er-Jahren. Wenige wissen vielleicht sogar, dass er auf den Heimatroman der Schriftstellerin Wilhelmine von Hillern zurückging. Die allerwenigsten aber dürften wissen, dass die unangepasste, rebellische Hauptfigur keineswegs frei erfunden ist, sondern ein historisches Vorbild hat: die Malerin Anna Steiner Knittel – womit wir wieder bei der Malerei angelangt sind, und bei den spannenden Geschichten, denen man in Reutte auf die Spur kommt.

● Museumsverein Reutte, Untermarkt 25, 6600 Reutte, Tel. +43 (56 72) 7 23 04
www.museum-reutte.at

Zwischenstopp-Glück

56

Matrei entdecken an der Brennerautobahn

Wer kennt sie nicht, die Brennerautobahn? Eigentlich qualifiziert sie sich sogar selbst als Glücksort, weil auf ihr zu fahren heißt: Es geht südwärts! Italien ruft! Manchmal ruft Italien recht laut und bei begrenzter Urlaubszeit soll es bitte schnell gehen. Wer sich aber Zeit nehmen und einen kleinen Umweg machen will, kann ja mal in Matrei von der Autobahn herunterfahren, einem Ort, den man sonst nur vom Vorbeifahren kennt und gern links liegen lässt. Also runter von der Autobahn, ab nach Matrei.

Es warten kleine Perlen, bereit, aufgesammelt zu werden, von allen, die es nicht eilig haben. Eine dieser Perlen ist eine rechte Mutprobe in Form einer luftigen, beweglichen Hängebrücke, die sich zwischen dem Ort Pfons und den Überresten von Burg Trautson über die Sillschlucht spannt. Die Ruine der Burg soll in den nächsten Jahren wiederhergestellt werden und wird dann zu weiteren Erkundungen einladen. Nach dem schwindeligen Spaziergang über Schlucht und Brücke geht es zur Erholung zum schilfumrandeten Kraftsee, der wirklich so heißt, ein kleiner, idyllischer Fleck am Waldrand. Als einziges Gebäude steht hier das Bildungshaus St. Michael, in dem verschiedene kreative und spirituelle Seminare stattfinden.

TIPP

Zur Einstimmung auf Italien befindet sich in Matrei die hochgelobte Pizzeria Toskana.

Zurück auf der Hauptstraße geht es auf der anderen Seite in einer Viertelstunde hinauf zur Matreier Ochsenalm, wo bei wunderbarer Aussicht hervorragendes Essen serviert wird – nicht nur Ochsenfleisch, by the way, sondern auch Kaiserschmarrn, Tiroler Knödl, Kasspatzn. Von hier empfiehlt sich ein anschließender viertelstündiger Verdauungsspaziergang zum Kloster und Wallfahrtsort Maria Waldrast, und wer der Ochsenalm widerstehen konnte, wird spätestens hier schwach: Der Klostergasthof mit Biergarten serviert Tiroler Schmankerl, das Fleisch kommt von eigenen Tieren. Das Wasser des Marienbrunnens ist von hervorragender Qualität und soll sogar Heilkräfte haben.

Alles in allem steht einfach fest: Manche Umwege lohnen sich, gerade die über sonst oft vernachlässigte Dran-vorbeifahr-Orte.

Matrei, 6143 Matrei am Brenner
www.wipptal.at

Schönste Terrasse in Lienz

57

Das Café von Schloss Bruck

Erst die Bildung, dann das Vergnügen, sozusagen. Wobei gleich ergänzt gehört, dass die dem Vergnügen vorausgehende Bildung ebenfalls ein Vergnügen ist, ein lehr- und abwechslungsreiches Vergnügen – eine Besichtigung von Schloss Bruck unbedingt mit einplanen!

Nachdem man dann also den Rundgang durch die Räume des Schlosses gemacht, die Freskenzyklen und Malereien der Kapelle bewundert, die Werke der bedeutenden österreichischen Maler Albin Egger-Lienz und Franz Defregger in der Galerie studiert und die wechselvollen Lebensgeschichten der beiden Künstler kennengelernt hat, ist die Pause wohlverdient und hochwillkommen. Dafür kann man gleich vor Ort bleiben, Schloss Bruck hat nämlich direkt neben dem Eingang ins Burginnere ein Café. Und zwar das Café mit der „wohl schönsten Terrasse von Lienz", wie die Schloss-Website behauptet. Aber ganz ehrlich: Wer dort einmal in erhabener Lage auf dem Schlossberg vor den dicken mittelalterlichen Mauern gesessen hat, an einem heißen Sommertag gut beschattet unter weißen Sonnenschirmen, an einem schönen Frühlings- oder Herbsttag auch angenehm gewärmt in der Sonne, und bei Kaffee und Kuchen, einem Snack, einer saisonalen Kleinigkeit den Blick über den Park, auf die umliegenden Berge und in den weiten Lienzer Talboden genossen hat, der braucht gar keinen Vergleich mit anderen Café-Terrassen mehr, um es einfach nur wunderbar zu finden, hier zu sein.

Solchermaßen nicht nur kulinarisch gestärkt bietet sich im Anschluss noch ein Rundgang durch den herrlichen Park an, mit immer neuen Perspektiven auf die monumental-märchenhafte ehemalige Residenzburg der Grafen von Görz, auf den fast klischeehaft wirkenden Zinnenkranz, die kleinen Fenster und Schießscharten, die inmitten all des grünen, im Herbst auch goldenen Laubs der Bäume fast weiß leuchtenden Mauern. Fast 1000 Jahre alt ist dieses herrliche Bauwerk. Das sieht man ihm nicht an.

TIPP

An Wochenenden und Feiertagen gibt es im Schlosscafé auch Brunch, immer ab 9 Uhr (Voranmeldung).

- Schloss Bruck, Museum der Stadt Lienz, Schlossberg 1, 9900 Lienz, Tel. +43 (48 52) 6 25 80, www.museum-schlossbruck.at
- ÖPNV: Bus 2, Haltestelle Hochstein/Schloss Bruck

Herbst-Zeit!
Zwetschgen-Kuchen + Cafe 6,20
Tiramisu-Schnitte 2,90
Kürbiscreme-Suppe + Gebäck 4,90
Bauerntoast garn. 5,50
Quiche Lorraine mit Salat
STURM aus Österreich

Naturnah und badewarm

58

Wohlfühlen im Ferienparadies Natterer See

Bergsommer in Tirol ist herrlich, bloß die Wassertemperaturen sind ein bisschen gemein. Bergseen sind nun mal kalt, auch im Hochsommer. Zugegeben, an besonders heißen Tagen ist das erfrischend, aber es gibt ja manchmal diese warmen Tage Ende Mai oder Mitte Juni, wo man es kaum mehr erwarten kann, endlich wieder baden zu gehen. Aber da wird man in den Tiroler Seen noch tiefgekühlt. Nur in einem nicht.

Der Natterer See ist zwar als Moorsee nicht so glasklar wie seine kalten Bergseebrüder, sondern eher bräunlich-dunkel. Dafür ist sein Wasser moorseeweich und vor allem moorseewarm, denn es wärmt sich durch die dunkle Farbe schnell auf, vielleicht sogar schon im späten Frühling. An seinem Ufer liegt das gleichnamige Ferienparadies Natterer See, dessen Name Programm ist: Die Anlage ist wirklich ein kleines Paradies. Es liegt sehr ruhig am Ende der Straße zum See und gefühlt mitten im Wald, der den See umschließt und sich nur dort lichtet, wo die Badewiesen und Wohnmobilstellplätze liegen. Richtig gelesen: Stellplätze. Das soeben hochgelobte Ferienparadies ist ein Campingplatz. Als Glücksort? Im Ernst? Manchen graut es ja eher: Schmuddelige Gemeinschaftsbäder ohne Privatsphäre! Umständlich aufgebaute Zelte, muffige Wohnwagen! Mühsam zubereitete Mahlzeiten! Überhaupt der mangelnde Komfort – nein, danke. Entwarnung! Je nach Ansprüchen können die Gäste zwischen fünf verschiedenen Unterkunftstypen wählen: einfache, aber kuschelige Schlaffässer, luftige Safari-Zelte in verschiedenen Größen, Wood-Lodges genannte Baumhäuser mit großartigen Aussichtsterrassen oder schicke, moderne Mobilheime mit Bungalowcharakter. Bis auf die Schlaffässer haben alle eigene Bäder und gut ausgestattete Küchen. Frühstück gibt es im Frühstücksrestaurant. In puncto Komfort ist das dann schon fast wie ein Hotelaufenthalt, nur besser: nah an der Natur, direkt am Badesee, mitten im Wald und immer draußen. Und wer Kultur mag, ist in wenigen Minuten in Innsbruck. Eben doch: Glücksort!

TIPP

Hier kann man auch feiern, zum Beispiel in der Waldparty-Lounge.

- Ferienparadies Natterer See, Natterer See 1, 6161 Natters, Tel. +43 (5 12) 54 67 32
  www.natterersee.com
- ÖPNV: Bus 4142, 4161, Haltestelle Natters Natterer See Camping

Vielseitigkeitsrekord

59 WunderWanderWeg und Sennhütte in St. Anton

Zu sagen, Tanja Senn wäre eine vielseitige Person, ist zwar richtig, reicht aber nicht aus. Denn was die Hüttenwirtin der Sennhütte alles kann, tut und weiß, passt eigentlich gar nicht in eine einzige Person: Sie ist ausgebildete Wald- und Kräuterpädagogin, Wander- und Schneeschuhführerin, Ski- und Kneipplehrerin, Brotbäckerin und Edelbrandsommelière. In der Sennhütte und ringsum fließen alle Fähigkeiten und Kenntnisse zusammen, sodass ein Besuch hier ebenfalls überaus vielseitig ist. Vor allem im Sommer, wenn es auf dem WunderWanderWeg all die vielen Details zu entdecken gibt: eine Kneippanlage, einen Barfußpfad, einen Rundweg im Wald mit vielen Stationen, die die Aufmerksamkeit auf die leisen Naturereignisse lenken, etwa auf den von Wurzeln gespaltenen Findling oder auf einen riesigen Ameisenhaufen. Die Serpentinen zur Sennhütte hinauf säumen 15 liebevoll angelegte Themengärten des Alpenblumen- und Kräuterwegs, zum Beispiel der Heilkräutergarten, die Märchenwiese oder die Minzallee mit über 40 Minzsorten. In der Sennhütte und im Shop begegnet man den Kräutern dann wieder: als Dekoration auf den Speisen, in den eigenen Produkten wie Kräutersalz, Tee, Sirup, Kräuterpesto, oder auch in den selbst gebrannten Schnäpsen.

TIPP

Die Sennhütte hat auch im Winter geöffnet, für den Einkehrschwung auf der Talabfahrt Galzig.

Als Eltern zweier inzwischen großer Kinder wissen Tanja und ihr Ehemann Markus auch genau, was Kindern Spaß macht, und so gehören eine Kugelbahn und ein großes Baumhaus zum WunderWanderWeg. Und dann, last but not least, sind die beiden noch Weltrekordhalter, mit offiziellem Eintrag im Guinnessbuch der Rekorde. 2017 knackten sie den Rekord für die „größte Blumenanordnung nach Anzahl der Blüten“. Konkret bedeutet das: Hier wachsen über 100.000 einzelne Edelweißblumen und formen ein gigantisches Edelweiß. In der Mitte der riesigen Blume können die Besucher auf Holzliegen Platz nehmen. Oder sich auf dem Edelweißweg und im Edelweißstadl über die flauschige sternförmige Alpenblume informieren, deren Eigenschaften, wie könnte es anders sein, ebenfalls ziemlich vielseitig sind.

● Sennhütte – SENNsationell, Dengert 503, 6580 St. Anton am Arlberg, Tel. +43 (5 44) 6 20 48, www.sennsationell.at

Moment der Stille

60 An- und Innehalten an der Karlskirche Volders

Im Vorbeifahren dürfte sie jeder schon einmal gesehen haben, der die Inntalautobahn Richtung Innsbruck gefahren ist, und für viele Urlauber aus Deutschland ist sie eine der ersten Wegmarkierungen auf dem Weg Richtung Süden: die Karlskirche. Die auffallend hübsche Kirche sticht sogar ins Auge, wenn man beim Fahren eigentlich keine Zeit zum Schauen hat. Zum einen steht sie direkt neben der Autobahn, zum anderen ist sie auffallend liebreizend rosa-weiß gemustert, vielleicht auch orange- oder lachs-weiß, das ist im Vorbeifahren ein bisschen schwierig zu sagen. Man nennt sie auch die Autobahnkirche, was ihr gar nicht gerecht wird, denn es gibt sie natürlich viel, viel länger: Die Grundsteinlegung erfolgte schon 1620, da war ans Auto noch fast 300 Jahre lang nicht zu denken. Warum eigentlich nicht einmal einen kurzen Zwischenstopp machen und die Kirche besuchen, statt immer nur vorbeizufahren?

Dazu in Wattens die Ausfahrt nehmen und Richtung Volders fahren, dann sieht man sie nach kurzer Fahrt linkerhand auf der Wiese stehen. Parkplätze gibt es auch. Beim Näherkommen sieht man, die Kirche ist ein ganzes Stück größer als gedacht und wirkt von vorn überraschend breit. Die drei Kuppeln und die sich bauchig nach außen wölbenden Seiten verleihen ihr eine ungewöhnliche Form. Direkt daneben rauscht der Verkehr und es fühlt sich ein wenig sonderbar an, wie diese Kirche da steht wie der sprichwörtliche Fels in der Brandung, trotz Rauschen eine Idee von Stille verbreitend. Und dann öffnet man die Tür und betritt den Innenraum und die brausende, unruhige Welt ist weg. Schlagartig, wie abgeschnitten. Ruhe, Stille, Frieden. Und ein sehr schöner Innenraum mit luftigem kreisrundem Kuppelfresko und Altarbild des Barockmalers Martin Knoller, der zu den letzten großen Freskomalern Tirols gehörte. Nach einer Weile geht es ans Weiterfahren, man öffnet die Tür wieder, tritt nach draußen, und gleich ist die rauschende, brausende Autowelt zurück. Aber ein wenig von der Ruhe und Stille kann man mitnehmen auf die weitere Fahrt.

TIPP

Heilige Messen sind sonntags um 10:30 Uhr, 18:30 Uhr sowie freitags um 07:15 Uhr nach dem Morgengebet.

● Karlskirche Volders, Volderwaldstraße 65, 6111 Volders
www.karlskirche.tibs.at

Im Eis-Bett

61 Zu Gast im Alpeniglu Dorf in Brixen im Thale

Zu behaupten, Eis und Schnee seien einfach Wasser in einem anderen Aggregatzustand, ist naturwissenschaftlich betrachtet natürlich richtig. Aber gefrorenes Wasser ist noch viel, viel mehr. Welches Glückspotenzial es hat, weiß jeder, der Ski oder Schlittschuh fährt oder einen Schneemann im Garten baut, wenn der Schnee gerade so richtig schön pappig ist. Aber aus Schnee und Eis lässt sich noch viel mehr erschaffen: Eine Winterwunderwelt entsteht jedes Jahr gleich neben der Bergstation der Bergbahn Hochbrixen. Mit Schneebar, Eismöbeln, Iglu-Restaurant mit riesigen Schneeskulpturen als Wanddekoration, Drinks aus dem Eisglas, die auf Vorbestellung kredenzt werden. Wer nur tagsüber zum Skifahren hier ist, kann die Eis- und Schneewelt mit ihren Kunstwerken bei einer Führung besichtigen. Oder aber, Mutige vor, eine Iglu-Übernachtung buchen, mit allem Pipapo: einem Fondue am Eistisch im Restaurant, nächtlicher Fackelwanderung, Lagerfeuer mit Stockbrot, und vor allem: mit Schlafen im Iglu.

Ob Eis dann auch der Stoff ist, aus dem die Träume sind, sei mal dahingestellt, auf jeden Fall ist es der Stoff, aus dem die Betten sind. Oder zumindest der Bettrahmen, die Matratze ist dann doch aus weichem Material. Aber ringsum ist alles Schnee und Eis. Schockschwerenot – da friert man doch! Oder? Na ja, ganz ehrlich: Sich auf einem Tiroler Berg, umsorgt von netten Guides, der Elementarerfahrung Kälte zu stellen ist natürlich weniger mutig als, sagen wir, wie Sir Ernest Henry Shackleton in die Antarktis aufzubrechen. Dennoch: Eine spannende Herausforderung ist es allemal, aber eine überraschend komfortable. Denn wer abends in den dicken Arktis-Schlafsack kriecht, stellt schnell fest, dass der nicht nur das Überleben ohne Frostbeulen garantiert, sondern verblüffend großes Wohlbehagen beschert: Morgens nach dem Aufwachen fühlt man sich nicht ausgekühlt, sondern eher wie ein Brötchen, das die ganze Nacht im Ofen schön warm gebacken wurde und sich nun in einem besonders kuscheligen Aggregatzustand befindet.

- Alpeniglu Dorf, Parkplatz: Liftweg 1, 6364 Brixen im Thale, Tel. +43 (6 76) 9 25 67 54 oder +49 (7 11) 47 04 70 61 www.alpeniglu.com
- ÖPNV: Bus 4051, Haltestelle Brixen i. Th. Gondelbahn (Talstation)

Einfach märchenhaft

62 Der Sagenweg im Verwalltal

Ein Schatz, eine Hexe, ein Magier und ein Geist – das klingt nicht nur märchenhaft, das sind auch Märchen beziehungsweise Sagen dieser urtümlichen Region: „Der Schatz auf Arlen", „Die Hexe von Stiegenegg", „Der Schnanner Drajer" und „Der Geist des Ehemannes" heißen sie, und so heißen auch die vier Stationen am Sagenweg im Verwalltal bei St. Anton. Man muss kein Kind sein, sich lediglich ein wenig kindliche Neugier bewahrt haben, um Spaß daran zu haben, erst in dem dicken, überlebensgroßen Buch – okay, der Informationstafel, die wie ein aufgeschlagenes Buch gestaltet ist – zu lesen und dann den schmalen Pfaden zu folgen, die sich vom Hauptweg in den Wald schlängeln und die Neugier anfachen, was sich wohl am Ende des Pfades befindet. Lange muss man nicht laufen, nur eine Minute oder zwei, schon wartet um die nächste Ecke die Installation zum Märchen: eine Schlosspforte mit Schatzkiste und Geheimversteck dahinter, die hölzerne Kraxe, mit der die Ehefrau den Geist des Ehemannes über das Joch trug, um ihn loszuwerden, oder die Holzstämme, die der Magier, Schnanner Drajer genannt, angeblich mit Zauberkraft bewegen konnte. Und, besonders beeindruckend, die mehrfach überlebensgroße, hakennasige, ganz und gar grässliche Fratze der Hexe von Stiegenegg sowie deren ebenso grässliche, knorrige Finger mit den langen, dunkelgelben Fingernägeln. Man weiß es nicht genau, versucht sie gerade zu verschwinden oder aus dem Waldboden zu kriechen? Zur Hexe gehört eine wirklich unerhört fiese Geschichte; dafür ist die enorme Figur, zu der ein mit Besen dekorierter Weg führt, besonders eindrucksvoll.
Die Sagenstationen sind bei einem Spaziergang von St. Anton aus schnell erreicht: Der Verwallweg (Glücksort Nr. 12), an dem auch die Sagenstationen liegen, geht direkt von der Hauptstraße ab. Nach wenigen Minuten kommt schon die Abzweigung zur ersten Station, dem Schatz von Arlen. Alles in allem ein wahrlich märchenhafter Spaziergang.

● Sagenweg, Parkplatz zum Wanderweg: Verwallweg 7, 6580 St. Anton am Arlberg
● ÖPNV: Bus 6, Haltestelle St. Anton a. A. Abzw. Verwall

Im Stein-Reich

63 Das Haus der Steine bei der Kundler Klamm

Auch Steine haben Geheimnisse. Zu behaupten, Karl Sandbichler kenne sie alle, wäre vielleicht etwas übertrieben. Aber die Geheimnisse der Steine aus der Kundler Klamm, die kennt er. Der Mann mit dem freundlichen Schnurrbart könnte Förster sein oder Geografielehrer oder Bergführer, tatsächlich entpuppt er sich als gelernter Designer mit Zweitberuf Steinmetz, und was dabei herauskommt, wenn er beides kombiniert, gibt es im Haus der Steine in Kundl zu sehen, zu bewundern und auch zu kaufen: Vasen, Schalen, Schmuck aus Stein, steinerne Teelichthalter, Objekte für den Garten, in Stein eingebaute Uhren.
Dass sein Haus der Steine sich genau an diesem Ort befindet, ist kein Zufall, denn das Bachbett der Ache in der Kundler Klamm (Glücksort Nr. 46) ist eine Fundstelle verschiedenster geologischer Gesteinsarten. Alles, was der Künstler darüber weiß, hat er sich nach und nach selbst beigebracht. Es ist, wie sich im Lauf des Gesprächs zeigt, eine Menge. Für alle, für die Steine auf den ersten Blick alle mehr oder weniger gleich aussehen, ist allein schon die Tatsache beeindruckend, dass man sie so leicht voneinander unterscheiden kann – Augengneis, Strahlstein oder Kramsacher Marmor zum Beispiel. Aber der Meister der Steine weiß noch mehr: welches Gestein der Region wie viele Jahrmillionen alt ist, woraus es besteht, wo es zu finden ist und wie es bearbeitet und geschliffen werden muss, damit daraus eins der glatten, augen- und oft auch handschmeichelnden Kunstwerke entsteht. Jedes Stück ist anders. Am allerschönsten, schwärmt Karl Sandbichler, ist das Konglomerat, ein Sedimentgestein. Es ist zwar auch anderswo auf der Welt zu finden, allerdings eher in Grautönen. Das Konglomerat aus der Kundler Klamm aber, erzählt er, ist etwas ganz Besonderes. So bunt und vielseitig gibt es das nur hier. Wer eins in der Klamm findet, kann es ins Haus der Steine bringen und dort schleifen lassen, bis es so glatt und glänzend ist wie die ausgestellten Stücke und zumindest eins seiner Geheimnisse offenbart hat: wie schön es ist.

● Haus der Steine, Klammstraße 44, 6250 Kundl, Tel. +43 (53 38) 74 01
www.steinzeit-sandbichler.at

Schlafen im Schmuckstück

64

Das Kontor Boutiquehotel in Hall

Eins vorweg: Liebhaber gesichtsloser, zweckmäßiger, überall auf der Welt gleich aussehender Hotelkettenbunker mit maximaler Anonymitätsgarantie sind hier falsch. Scherz! Wer ist das schon, Liebhaber gesichtsloser, zweckmäßiger … und so weiter. Eben. Das Kontor Boutiquehotel in Hall jedenfalls ist das genaue Gegenteil all der zuvor aufgezählten Hotel-Schrecklichkeiten: sehr individuell, wunderschön, einzigartig, persönlich und familiär. Eine besondere Geschichte zum Hotel gibt es auch, sie führt bis ans Mittelmeer und geht so: Als die junge Mathematikerin Ursula Jud-Basny aus Hall auf Korsika in der Tourismus-Branche arbeitete, lernte sie dort den Tschechen Marek kennen; schon damals teilten die beiden eine Leidenschaft für alte Häuser. Als Ursula erfuhr, dass das viele 100 Jahre alte, verfallene Kontorhaus in ihrer Heimatstadt zum Verkauf stand, trafen die beiden eine gewagte Entscheidung: Sie würden es kaufen, restaurieren und ein Hotel eröffnen.

Die gewaltige Arbeit sieht man dem Haus heute nicht mehr an, und vorstellbar ist sie ohnehin nicht: tonnenweise Bauschutt entfernen, bergeweise Farb- und Putzschichten von Wänden und Decke schlagen, alte Holzdielen einzeln herausnehmen, saubermachen und behandeln, wieder einfügen. Strom- und Wasserleitungen austauschen, neue Bäder und einen Lift einbauen – eine Mammutaufgabe. Aber auch eine Schatzsuche, denn immer wieder stießen die beiden auf neue Details: Fresken, originale Holzbalken aus dem 15. Jahrhundert, eine barocke Stuckdecke unter den Farbschichten. Letztere schmückt heute den Frühstücksraum und tut das mit so großer Selbstverständlichkeit, als wäre sie immer schon Zierde dieses schönen Raums gewesen und nicht in monatelanger Kleinarbeit mit dem Skalpell freigelegt worden. Es ist der vielleicht schönste Moment des Aufenthalts: an einem sonnigen Morgen, nach einem erholsamen Schlaf auf hervorragenden Boxspringbetten in einem sehr ruhigen Haus, den lichtdurchfluteten Frühstücksraum mit der fantastischen Barockdecke und den alten Holzdielen zu betreten.

TIPP

Gleich nebenan ist der Augustiner Keller, ein sehenswertes Lokal in mittelalterlichem Gewölbe.

● Kontor Boutiquehotel, Unterer Stadtplatz 7 a, 6060 Hall in Tirol, Tel. +43 (52 23) 2 38 01, www.hotel-kontor.at

Schlutzkrapfenhimmel

65 Beim Winkl Wirt im Zauberwinkel

Wer hier einmal gegessen hat, der vergisst das so schnell nicht wieder, versprochen. Vergisst weder die sympathische junge Betreiberfamilie und deren kleines, engagiertes Team noch das urige, von Wiesen umgebene Bauernhaus in traditioneller Holzbauweise mit dem lauschigen Gastgarten, in dem es sich recht familiär sitzt. Vergisst auch nicht die abgelegene Region mit dem so zauberhaften wie treffenden Namen Zauberwinkel. Vergisst auch die typische, gemütliche Tiroler Stube mit Holzvertäfelung und großem Kachelofen nicht mehr, oder die netten kleinen Extras wie das liebevoll mit einer üppigen roten Johannisbeerrispe dekorierte Skiwasser. Vergisst vor allem nicht die herausragenden Gerichte, wegen denen man ja überhaupt essen geht, und die selbst für Tiroler Verhältnisse – die Küche ist sowieso immer sehr gut – eine Offenbarung sind.

Kaspressknödel, Gulasch oder Kaiserschmarrn: Die eher kleine, sorgfältig zusammengestellte Speisekarte enthält Vertrautes, aber das Vertraute schmeckt noch besser als erwartet, delikat geradezu. Dazu muss man nämlich wissen, dass alle Gerichte selbst kreiert und getestet werden, bevor sie auf der Speisekarte landen. Und so klingen die „Schlutzkrapfen mit Kartoffel-Graukasfülle, Parmesan und brauner Butter" ein wenig nach rustikaler Hausmannskost, entpuppen sich aber als fantastische, cremig-herzhafte Sensation. Sie gehören fortan, jedenfalls für die Verfasserin dieser Zeilen, zu denjenigen Speisen, die sich für immer und unauslöschlich ins kulinarische Gedächtnis, nun ja, einspeisen und an die man auch Monate später plötzlich wieder denken muss, wenn man gerade Hunger bekommen hat. Dann wird es bald Zeit, wieder in den idyllischen Zauberwinkel zu fahren und beim ebenso idyllischen Winkl Wirt eine Portion Schlutzkrapfen zu vertilgen, dieses unvergessliche Glücksessen.

● Winkl Wirt, Zauberwinkelweg 52, 6311 Wildschönau, Tel. + 43 (6 50) 2 40 00 03
www.winkl-wirt.tirol

EMPFEHLUNG

Wunderwasser

66

Deferegger Heilwasserwelt und Mythenplatz

Eigentlich war der Plan ja so gewesen: Nachdem unter der Erde Heilwasser gefunden worden war, sollte hier ein Thermalbad gebaut werden. Aber die Wassermenge reichte nicht aus. Und so schuf man eben etwas anderes: die Heilwasserwelt mit dem Mythenplatz davor, der mit Naturmaterialien und einem Brunnen in der Mitte bewusst als Kraftort angelegt ist. Schon auf dem Weg dorthin fällt an der Brücke die Holzfigur mit dem langen Schnabel auf. Auch das Haus, das man nach wenigen Minuten zu Fuß erreicht, deutet eine Schnabelform an, als Reminiszenz an die Legende der Schnabelmenschen: Einst hausten sie hier als Beschützer des Tals und der Menschen, was allerdings seinen Preis hatte … Die Geschichte ist zu lang für diese Seite, sehr charmant erzählt sie aber auf der Heilwasser-Website der Tiroler Autor Christian Stefaner. Das Innere des Schnabel-Hauses ist wie eine Höhle gebaut; Schaukästen erläutern die Gesteinsschichten und -funde bei den Bohrungen. Im Verkaufsraum leuchten riesige und wunderschöne abstrakte Bilder von Wänden und Decke. Was sie zeigen, soll an dieser Stelle nicht verraten werden. Lieber vor Ort fragen und sich überraschen lassen!

Hauptdarsteller ist aber nicht die Kunst, sondern das Wasser. Denn was hier in fast 2 Kilometern Tiefe in einem Hohlraum lagert, ist fossiles Wasser des Urmeeres Tethys, das, vom Wasserkreislauf vollständig abgeschnitten, über Jahrmillionen unverändert erhalten blieb. Es ist sehr rein und voller Mineralien, die es im Laufe der beinahe unendlich langen Zeit aus dem Gestein herausgelöst hat. Das klingt nicht nur spannend, sondern ist auch – wissenschaftlich bewiesen – medizinisch wirksam. Die engagierten Mitarbeiter vor Ort beraten gern, wofür und wogegen das Wasser helfen kann. Wer mag, nimmt sich ein Produkt mit nach Hause, einen Badezusatz, eine Hautcreme oder eine Sprühflasche mit echtem Urmeer. Und wer müde Füße hat, nimmt draußen ein Fußbad, zum Beispiel nach einer Wanderung auf dem thematisch perfekt passenden Wassererlebnisweg St. Jakob.

TIPP

Ein PDF, eine GPX-Datei und eine interaktive Karte zum Wassererlebnisweg gibt es auf www.osttirol.com.

- Deferegger Heilwasserwelt, Innerrotte 62, 9963 St. Jakob in Defereggen, Tel. +43 (6 76) 8 41 56 04 06, www.heilwasserquelle.at
- ÖPNV: Bus 953, Haltestelle St. Jakob i. D. Lackbrücke oder Gemeindeamt

Alles im Fluss

67 Radwandern an der Großache

Wäre man ein Blatt, ein Stöckchen auf dem Wasser, vielleicht auch eine Ente oder ein Fisch, bis zum Chiemsee könnte man schwimmen. Denn dorthinein mündet die Großache, der markanteste Fluss in der Region Kitzbühel, der die Städte und Dörfer St. Johann in Tirol, Kirchdorf und Kössen verbindet, in Deutschland an Unterwössen vorbeikommt, durch Marquartstein und Staudach-Egerndach fließt, bis er nach 79 Kilometern das Bayerische Meer erreicht.

Um einen besonders schönen Abschnitt der Flusslandschaft zu erleben, ist es glücklicherweise gar nicht nötig, ein Blatt, Stock oder Fisch zu sein, es reicht, sich auf ein Fahrrad zu schwingen und in Tirol ein Stück vom Flusserlebnisweg zu radeln. Jener ist ein reiner Radweg, autofrei, eben und gepflegt, dahingleiten geht also auch neben und nicht nur in oder auf dem Wasser. Der Weg reicht von St. Johann bis Erpfendorf und ist bei 7 Kilometern einfache Strecke selbst für weniger geübte Menschen leicht zu bewältigen, zumal es keine Steigungen gibt. Ab Kirchdorf verläuft der Weg auf beiden Flussseiten, ist also auch als Rundweg möglich, auf der einen Seite des Flusses hin, auf der anderen zurück. Dann dauert die Fahrt selbst bei gemütlichem Tempo also kaum eine Stunde. Theoretisch. Praktisch dürfte und sollte dieser Ausflug viel, viel länger dauern, schließlich warten am Wegesrand allerhand besonders schöne Gelegenheiten zum Pause-Machen, die selbstverständlich auch dann eingelegt werden darf, wenn man sich gar nicht so besonders angestrengt hat beim Fahren. Es ist wunderbar entspannend, an mindestens einer, vielleicht auch bei jeder der hölzernen Plattformen über dem Fluss zu halten, die Räder abzustellen und sich, Berg- und Flussblick inklusive, an den Tisch zu setzen und eine Brotzeit zu verspeisen. Oder dort, wo man direkt zum Wasser kommt, ein Picknick auf den Kiesbänken zu machen, Steine flitzen zu lassen und vielleicht ein Stöckchen auf die Reise bis zum Chiemsee zu schicken.

TIPP

Im Fliegerstüberl St. Johann sitzt man bei Speis und Trank direkt am Rollfeld startender und landender Kleinflugzeuge.

● Großache, Parkplätze: im Zentrum von 6380 St. Johann in Tirol, 6382 Kirchdorf oder 6383 Erpfendorf

Ort des Wollbehagens

68

Das Ötztaler Schafwollzentrum

Willkommen in der Welt der Wolle! Sie liegt direkt an der Hauptstraße ins Ötztal, gleich beim Ortseingang von Umhausen, und besteht aus einem Laden, zwei Fabrikhallen, einigen Maschinen, die teilweise fast museal wirken, aber immer noch in Betrieb sind, aus rund zehn Mitarbeitern – und natürlich aus jeder Menge Wolle in allen Erscheinungsformen, von frisch geschoren über frisch gewaschen, gezupft, gekämmt – „kardiert" in der Fachsprache –, bis zu den vielen hochwertigen Endprodukten: Wolldecken, handgeknüpfte Schurwoll- und Fleckerlteppiche, Pantoffeln, kleine Filzkunstwerke regionaler Künstler, Hautpflegeprodukte mit Lanolin aus der Schafwolle, Filz- und Strickwolle in den buntesten, vielfältigsten Farben. So viele Farben, erzählt Joachim, einer der beiden Söhne von Seniorchef Johannes Regensburger, werden erst seit der Corona-Pandemie wieder angeboten, weil die Menschen im Lockdown das Handarbeiten wiederentdeckt haben. Aber es braucht gar keinen Lockdown, um bei der Führung durch die Hallen Lust darauf zu bekommen, irgendetwas mit dieser Wolle anzustellen. Beim Teppich knüpfen mitzumachen, wie es die gut gelaunten Mitarbeiterinnen in der ersten Halle tun. Sich etwas aus den farbenfrohen Vliesrollen zu filzen, die an der Wand gestapelt sind, oder aus den Kardenbändern, den dicken und schlauchartigen, weichen Strängen bunter Wolle, die sich besonders gut für kleinere Filzarbeiten oder zum Spinnen eignen.

TIPP

Für die Werkstattführung vorher anmelden, über die Website oder per Telefon.

Das Ende des etwa einstündigen Rundgangs führt dorthin, wo alles beginnt. Wo säckeweise Wolle von überall aus Tirol auf die Wäsche wartet. Hier riecht es stark nach Tier, die Waschanlage ist 7 Meter lang, und die Wolle, die nach dem Waschen aus dem Trockner kommt, ist warm, weich und sauber. In dritter Generation arbeiten sie nun schon hier, früher wurde Flachs gesponnen, erst ab den 1950er-Jahren, als Flachs nicht mehr nachgefragt wurde, stieg die Familie auf Schafwolle um. Zum Glück!

● Ötztaler Schafwollzentrum, Lehnpuit 2–4, 6441 Umhausen im Ötztal, Tel. +43 (52 55) 52 93, www.schafwollzentrum.tirol
ÖPNV: Bus 4194, 8352, Haltestelle Umhausen Neudorf

Schatzkästchen

69 Das Schloss Tratzberg in Jenbach

Besitzer älterer Immobilien wissen: Kaum ist man mit dem Renovieren fertig, geht es wieder von vorne los. Wie viel Aufwand es erst sein muss, eine Immobilie wie Schloss Tratzberg instand zu halten, lässt sich als Normalhausbesitzer kaum ermessen. Und so kann gar nicht hoch genug bewertet werden, wie gut erhalten, wie liebevoll gepflegt dieses ziemlich große Schloss-Schatzkästchen ist. Die gräflichen Besitzer von Schloss Tratzberg, Ulrich und Karin Goëss-Enzenberg, organisieren alles selbst: Instandhaltung, Renovierungen, Angebote für Besucher. Eine Lebensaufgabe. Das Paar wohnt ganzjährig im Erdgeschoss, auch die beiden inzwischen erwachsenen Töchter sind hier aufgewachsen – wie die beiden wohl früher ihre Kindergeburtstage gefeiert haben? Das muss ganz herrlich gewesen sein.

TIPP

Bei schönem Wetter kommen, dann herrscht viel weniger Andrang!

Herrlich ist aber auch die Tour durch das Schloss, die eigentlich schon unten beim Parkplatz beginnt: Eine Bimmelbahn bringt die Besucher hinauf; oder man nimmt den Wanderweg durch den Wald. Am Schloss angekommen, geht es zunächst in den Innenhof. Und mal ganz salopp formuliert: Der haut einen um. Das liegt an den Mauerwänden, die spektakulär von oben bis unten mit Blumen, Figuren, Ornamenten bemalt sind, in frischen, kräftigen Farben, die erst im Jahr 2021 erneuert wurden. Im ersten Ausstellungsraum wartet gegen einen kleinen Aufpreis ein hypermoderner dreidimensionaler Zeitraffer, der in vier Minuten den Bogen über fünf Jahrhunderte Schlossgeschichte schlägt: Virtual-Reality-Brillen. Lohnt sich! Gefällt sogar gelangweilten Teenagern! Anschließend führt die Tour durch märchenhafte Räume im ersten Stock, alle noch original möbliert mit Betten, Tischen, Stühlen aus dem 16. Jahrhundert, liebevoll mit kleinen Details angereichert: einem Tintenfass mit Gänsefeder etwa, oder auf dem Tisch verstreuten Spielkarten, die wirken, als kehrten die Spieler gleich zurück. Dazu noch die ausführlichen und sehr lebendig gemachten Audioguides für große und kleine Besucher – ja, in diesem Schatzkästchen steckt wirklich viel Liebe und Sorgfalt.

● Schloss Tratzberg, Tratzberg 1, 6200 Jenbach, Tel. +43 (52 42) 6 35 66
www.schloss-tratzberg.at
● ÖPNV: Bus 4111, 4125, Haltestelle Stans Tratzberg

Auch für späte Vögel

70

Schlemmen im Frühstückscafé Early Bird

All diejenigen, für die ein gesundes, ausgedehntes und wohlschmeckendes Frühstück die allerbeste Art ist, in den Tag zu starten, können sich in Telfs glücklich frühstücken. Das Café heißt Early Bird und Frühaufsteher sind hier auch wirklich schon um 7 Uhr willkommen. Morgenmuffel und Langschläfer, für die 7 Uhr noch mitten in der Nacht bedeutet, brauchen sich aber keinesfalls früher als üblich aus dem Bett zu quälen: Geöffnet ist bis 14 Uhr, freitags und samstags sogar bis 17 Uhr. Die Speisekarte passt auf eine Seite, schafft es aber trotzdem, Frühstück in allen Variationen anzubieten: warm oder kalt, deftig-herzhaft oder süß, üppig oder bescheiden, mit Fleisch oder vegan. Wer sehr spät aufgestanden oder auch einfach nur richtig hungrig ist, legt Frühstück und Mittagessen zusammen und futtert entsprechend: das herzhafte „Omelett California" zum Beispiel, das mit mehreren Käsesorten gut satt macht, oder eine „Early Tortilla" mit Cheddar, Avocado und Roastbeef. Süßes Frühstück gibt es natürlich auch, zum Beispiel Waffeln, Porridge mit Beeren oder Bowls mit gemischten Früchten und Haferflocken, und natürlich klassische Varianten mit Brot, Semmeln und Aufstrichen.

TIPP

Den guten, selbst gerösteten Kaffee gibt es auch zum Mitnehmen.

Auch optisch ist das Frühstück ein Genuss, und das gilt nicht nur für die Speisen, sondern auch für das Interieur: Mit hellem Holz und dunklen Akzenten ist das Café sehr geschmackvoll eingerichtet und gestaltet. Bei warmem Wetter sitzt es sich auch gut draußen an der Straße oder auf der kleinen Holzterrasse hintenraus. Loben sollte man auch das Umweltbewusstsein des jungen Teams, das die Zutaten von regionalen Bio-Anbietern bezieht und explizit auf Qualität und Nachhaltigkeit achtet. Und hier noch mal eine Empfehlung für alle, die zum Frühstück nichts herunterbekommen und das nach dieser Beschreibung nun bedauern: Mittags hingehen! Omelett und Tortilla gehen wunderbar als Mittagessen durch.

- Early Bird Frühstückscafé, Obermarktstraße 1, 6410 Telfs, Tel. +43 (6 76) 5 72 67 58 www.earlybird-fruehstueck.at
- ÖPNV: Bus 1, 4123, 4176, Haltestelle Telfs Rathaus/Apotheke

early bird
FRÜHSTÜCKSCAFÉ
early bird
FRÜHSTÜCKSCAFÉ

In der Höhle des Bären

71

Zu Fuß zur versteckten Tischofer Höhle

Für hartgesottene Bergfexe ist der Weg zur Tischofer Höhle wohl eher ein Warm-up vor dem Frühstück. Für Bergfrischlinge, die sonst nicht in den Alpen herumkraxeln, hält der Rundweg kleine Abenteuer bereit: die Holzleitern zum Beispiel oder die knapp 2 Meter breite Brücke über den Sparchenbach, die nur auf einer Seite ein Geländer hat. An manchen Stellen geht es steil bergauf und bergab: Achtung, Knie! Wer damit Probleme hat, rüstet sich besser mit Wanderstöcken aus. Und man sollte trittsicher sein und feste Wanderschuhe tragen. Und dann: schnaufen und genießen! Der Weg ist anspruchsvoll, aber abwechslungsreich, und offenbart immer wieder schöne Blicke ins Tal und auf Kufstein und die alles überragende Burg – wenn man nicht gerade auf seine Füße achtet jedenfalls. Aber zum Gucken und Genießen kann man ja auch einfach stehen bleiben.

Wenn die Höhle endlich erreicht ist, beeindrucken allein schon die Ausmaße: Mit 40 Metern Länge und über 8 Metern Höhe im Eingangsbereich gähnt sie die Wanderer an wie ein riesiges steinernes Maul. Sie ist ganz naturbelassen und auch nicht künstlich beleuchtet. Aber mit der Taschenlampe am Handy lassen sich ihre dunklen Ecken schon ausleuchten, und beim Blick aus dem Höhlendunkel nach Draußen auf den winzigen Ausschnitt Bergwald fühlt man sich fast ein wenig höhlenforscherhaft. Nur auf Funde darf man nicht mehr hoffen, die wurden alle längst entdeckt und fortgebracht. Interessant zu wissen ist es trotzdem: Seit über 300 Jahren fand man hier immer wieder Skelette, zum Beispiel die von insgesamt sage und schreibe 300 Höhlenbären, außerdem Knochen von Füchsen, Hyänen, Wölfen und Rentieren. Auch Menschen aus der jüngeren Steinzeit und der Bronzezeit hinterließen mit Werkzeugen aus Stein und Knochen, mit Keramikscherben und Bronzeschmuck ihre Spuren, womit die Tischofer Höhle sogar die älteste Fundstelle menschlicher Besiedlung in ganz Tirol ist.

TIPP

Im Museum auf der Burg Kufstein (Glücksort Nr. 41) sind Fundstücke aus der Tischofer Höhle zu sehen.

- Tischofer Höhle, Parkplatz: Kaisertal-Parkplatz, Kaiseraufstieg 19, oder Kaiseraufstieg Parkplatz, Kaiseraufstieg 22, 6341 Ebbs
- ÖPNV: Bus 2,4, 4030 und 4036, Haltestelle Kaisertal

Ganz schön Klamm

72 Wintererlebnis Zammer Lochputz

Die Klammen Tirols sind im Winter gesperrt, aus gutem Grund: Dann herrscht dort Lebensgefahr durch Steinschlag, Lawinen und abbrechendes Eis. Eine Gelegenheit, solch eine winterliche Klamm einmal sozusagen von innen zu sehen, bietet sich aber von Dezember bis Februar immer am Mittwochabend ab 19:30 Uhr. Dann ist der Zammer Lochputz, wie die Klamm bei Zams im Westen Tirols heißt, für Besucher geöffnet. Und die Stege, der Wasserfall, die Fontäne und was es sonst noch zu entdecken gibt, sind beleuchtet. Bevor es losgeht, gibt es noch einen Steinschlaghelm auf den Kopf, anschließend führen ehrenamtliche Mitarbeiter der Bergwacht die Besucher für kleines Geld erst durch das Wasserwerk, das zum Zammer Lochputz gehört und früher ganz Zams mit Strom versorgte, und dann in die Klamm. Dabei sind gut 200 Stufen zu überwinden – und nicht nur die, sondern eventuell auch etwas Respekt vor der Höhe, wenn zwischendurch nur noch Luft unter den Gitterrosten ist, Luft und vor allem Tiefe für ein wenig Extra-Nervenkitzel. Der Lochbach rauscht laut herauf, weit unten erst sind Felsen und Eis zu sehen oder, je nach Licht, auch nur zu erahnen. Am besten trotzdem nach unten sehen! Denn es gibt interessante Felsformationen zu entdecken, zu denen der Tiroler Märchenerzähler Christian Stefaner anlässlich der Erschließung der Klamm im Jahr 2004 extra eine märchenhafte Legende geschrieben hat. Die lässt sich vor oder nach dem Besuch auch als kleiner Film aufs Handy holen.
Am schönsten ist der Ausflug, wenn es gerade lange Zeit sehr kalt war, denn dann sind nicht nur Felsformationen zu sehen, sondern auch wunderbare Eisformationen gewachsen: Ganze Eiszapfenreihen wuchern hinter- und übereinander, die dick überfrorenen Pflanzen sehen aus wie in Glas gegossen. Überhaupt ist die ganze frostige Eis-Wasser-Welt dann ein Wunderwerk des Gestaltungskünstlers namens Winter. Ein Wunderwerk, das ganz ohne Lebensgefahr besichtigt werden kann, zum Glück.

● Zammer Lochputz, Lötz, 6511 Zams, Tel. +43 (6 64) 5 85 90 89
www.zammer-lochputz.at

Bei der Alpenkönigin

73 Am Zirbenweg zum Zirbensee

Zwar ist der gesundheitsfördernde Effekt von Zirbenholz wissenschaftlich nicht anerkannt, sodass die Hersteller der entsprechenden Möbel und Produkte nicht damit werben dürfen. Die Tiroler aber richten sich schon seit Jahrhunderten ihre Stuben und Schlafzimmer mit duftenden Zirbenholzmöbeln ein. Und brauchen auch keine wissenschaftlichen Beweise, um davon überzeugt zu sein, dass die Königin der Alpen, wie die Zirbe gern genannt wird, dank ihrer ätherischen Öle den Schlaf fördern, die Herzfrequenz senken, Nervosität lindern kann und noch viel mehr. Klingt gut, oder? Nun, man muss sich ja nicht gleich das Schlafzimmer neu einrichten, sondern kann auch einfach den Zirbenweg entlangwandern und sich auf diese Weise guten Schlaf verschaffen, eine eventuell vorhandene Anspannung weglaufen und ganz allgemein etwas für die Gesundheit tun.

Dazu fährt man mit der Patscherkofelbahn von Innsbruck-Igls aus auf den gleichnamigen Gipfel und wandert ohne große Steigungen den 7 Kilometer langen Zirbenweg an der Baumgrenze entlang bis zur Glungezer Bahn hinüber. Dabei kommt man, der Name verrät es schon, durch einen Zirbenwald. Und nicht durch irgendeinen, sondern durch einen der größten und ältesten Zirbenbestände Europas. Hier wächst auch die älteste Zirbe Tirols, ein über 750 Jahre alter Baum-Methusalem. Wenn der reden könnte! Je nach Gehtempo und Dauer der Baum-bestaun-Pausen und des Ausblicksgenusses auf 2000 Metern Höhe ist nach 2 bis 3 Stunden der Zirbensee erreicht, ein zwar künstlich angelegter, aber recht schöner Speichersee mit angemessen alpiner, zirbenhölzerner Infrastruktur ringsum: ein Aussichtsturm, ein Holzbrunnen, diverse Bänke und Picknicktische für die Brotzeit. Wer keine dabeihat, geht ein paar Meter weiter zur urgemütlichen kleinen Tulfeinalm und lässt sich Tiroler Kalorienbomben wie Kasspatzn, Spinatknödel oder Kaiserschmarrn schmecken. Das ist dann zwar nicht mehr ganz so gesundheitsfördernd, aber man hat ja schon die Wanderung gemacht – und das auch noch durch einen Zirbenwald!

TIPP

Das Zirbenweg-Rundwanderticket enthält die beiden Bergbahnen und die Busfahrt zur Ausgangsstation.

● Zirbenweg, Patscherkofel Talstation, Römerstraße 81, 6080 Igls und Glungezerbahn Talstation, Glungezerstraße 14, 6075 Tulfes

Gutes aus der Messinggasse

74 Stadtmarkt und Alte Schmiede Lienz

2070 Sonnenstunden im Jahr – die Wahrscheinlichkeit, dass beim Stadtbummel durch Osttirols Hauptstadt Lienz die Sonne scheint, ist recht hoch. Zum Vergleich: Im Jahr 2020 gab es in Deutschland durchschnittlich 1650 Sonnenstunden, und das galt schon als viel. Die Chancen stehen also gut, dass Lienz-Besucher einen sonnigen Tag erwischen, wenn sie durch die kleine Fußgängerzone bummeln und die entspannte, fast dörfliche Atmosphäre genießen. Besonders lohnt es sich, durch die Messinggasse zu schlendern, aus zwei Gründen. Erstens geht es dort an der Alten Schmiede vorbei, einem urigen Haus aus dem 18. Jahrhundert, wo der Kunstschmied Rudl Duregger seit über 50 Jahren seine Lampen, Kerzenleuchter, Kaminbestecke oder Gartenaccessoires schmiedet. Dass der Straßenname so gut zur Schmiede passt, ist kein Zufall: Die Messinggasse war immer schon eine Handwerksgasse; früher gab es hier auch ein Messingwerk. Wer zufällig an Silvester vorbeikommt, darf nicht versäumen, sich ein Hufeisen als Glücksbringer mitzunehmen, die Rudl Duregger dann an einem Stand vor der Schmiede anfertigt.

Der zweite Grund, warum es sich lohnt, in der Messinggasse vorbeizuschauen, ereignet sich jeden Freitagnachmittag und Samstagvormittag. Dann findet hier der Stadtmarkt statt, der vor allem ein lokaler Bauernmarkt ist: Die Anbieter kommen alle aus der Region und bieten eigene Produkte an: Schlipf- und Bauernkrapfen, Brot und Gebäck, Speck und Würste, Grau- und Ziegenkäse, Schnäpse und Fichtensirup, selbst gemachte Knödel, Marmelade, Kiachlen. Und weil Osttirol und damit auch Lienz schon so nahe bei Südtirol liegen, macht sich ein gewisser italienischer Einschlag bemerkbar: Neben Tiroler Bergkäse gibt es auch frischen Parmesan, neben frisch gebackenem Bauernbrot auch Dinkelciabatta und Rosmarinfladen, neben Tiroler Speck auch italienische Salami, neben Kürbiskernöl auch Olivenöl. Da stellt sich fast schon das Gefühl ein, in Italien zu sein. Und die Sonne, die höchstwahrscheinlich scheint, trägt kräftig dazu bei.

● Alte Schmiede, Messinggasse 4, 9900 Lienz
www.stadtmarkt-lienz.at

Alte Schmiede

Tierisch engagiert

75 Waldspaziergang im Raritätenzoo Ebbs

Mitten im Wald, einen kleinen Fußmarsch vom kostenlosen Parkplatz entfernt, liegt dem Zahmen Kaiser ein Ausflugsziel zu Füßen, das man hier nicht erwarten würde: der kleine Raritätenzoo Ebbs. Anders als die großen Tiergärten in Berlin, Hamburg, Wien oder München, für die man glatt einen ganzen Tag einplanen muss, ist man hier recht schnell durch. Jedenfalls dann, wenn man nur mal einen kurzen und kurzweiligen Ausflug zu ein paar netten Tieren machen will, die in einem beschaulichen Fleckchen Natur zu Hause sind. Wenn man sich aber richtig Zeit lassen und gemütlich herumschlendern will, ohne dass am Ende die Schließung dazwischenkommt, bevor man alles gesehen hat, dann geht das ebenfalls wunderbar.

Man kann sogar erst gemütlich einen Kaffee an den Tischen direkt beim Eingang des Zoos trinken und mit etwas Glück gleich die Aras in ihrem offenen Gehege beobachten, wenn sie nicht gerade ausgeflogen sind. Weiter geht es entweder zuerst rechts zu den Kängurus und den Sittichen, geradeaus zu den Vögeln und an den Riesenschildkröten vorbei bis zu den putzigen Bauernhoftieren, oder links zu den Pelikanen, am großen Spielplatz vorbei und weiter zu den Kranichen, Storchen und rosa Flamingos bis zu den niedlichen Zwergottern, die nicht nur schmunzeln lassen, weil sie so ausgesprochen possierlich sind, sondern auch, weil sie ausgerechnet Sisi und Franz heißen – und solchermaßen neckisch-adelig benannt gleich noch possierlicher wirken. Mit jedem Gehege wächst ein bisschen das Staunen über diesen hübschen kleinen Zoo etwas abseits von Ebbs, das selbst gerade mal etwas über 5000 Einwohner hat. Er ist privat geführt, und das überaus engagiert. Fast jedes Jahr wird eine Tieranlage umgebaut oder gleich neu geschaffen, 2020 etwa für die sibirischen Streifenhörnchen. Ab und zu wiederzukommen, lohnt sich also auch, denn es gibt immer wieder etwas Neues zu entdecken.

TIPP

Gleich beim Zoo liegt das Café Auszeit mit ausgiebigem, variantenreichem Frühstück und Kuchen.

● Raritätenzoo Ebbs, Kruckweg 20, Parkplatz: Haflingerweg, 6341 Ebbs,
Tel. +43 (6 64) 4 55 36 30, www.raritaetenzoo.at

Eiszeit-Idyll

76 Der Möserer See bei Seefeld

Tief versteckt im Wald liegt auf 1295 Metern Höhe der Möserer See und hütet sich vor allzu üppigen Besucherhorden, indem er einfach nicht mit dem Auto zu erreichen ist, sondern nur zu Fuß oder mit dem Mountainbike. Das ist auch gut so, schließlich handelt es sich um ein besonders schönes und ursprüngliches Naturjuwel, das allzu große Besuchermassen nicht brauchen kann. Eine mächtige Gletscherzunge hat es während der letzten Eiszeit bei ihrem Rückzug freundlicherweise hinterlassen. Eiszeit klingt jetzt sehr frostig, aber das täuscht: Der Möserer See ist nicht nur ein besonders idyllischer, sondern auch ein besonders warmer Badesee. Bis zu 25 Grad Wassertemperatur erreicht er im Hochsommer.

Und dann liegt in seiner Mitte auch noch dieses unwiderstehliche Inselchen, schwimmend leicht zu erreichen und betretbar. Und da sitzt man nach kurzem Schwimmvergnügen also glücklich drüben, umgeben von Wasser und Wald und Idyll, oder schwimmt, wenn mehr Bewegung gewünscht ist, eben einmal um die Insel herum. Oder läuft auf dem breiten Spazierweg um den See, der immer wieder schöne Ausblicke auf dieses gelungene Naturensemble aus Schilf, Wald und Wasser bietet, aus Bergen, die hinter dem Wald emporragen, aus Wolken, die sich im Wasser spiegeln, aus Wasservögeln, die über die Spiegelwolken zockeln, aus – ach, es ist fast, als ginge man in einem romantischen Naturgemälde spazieren. Nur dass in Naturgemälden meistens keine Sitzbänke und Stege zu finden sind, hier aber schon. Ideal zum Brotzeit-Machen, und wer keine dabeihat, kehrt am östlichen Ufer in der kleinen Wirtschaft ein, der Möserer Seestub'n. Wer mit Kindern unterwegs ist, versorgt sie hier mit Eis und besucht den Abenteuerspielplatz unweit der Gaststätte. Bergfexe wandern vom Möserer See den Eiszeit-Trail bis auf den Brunschkopf, begleitet von unübersehbaren gletscherblauen Informationstafeln und interaktiven Stationen für den Erwerb von interessantem erdgeschichtlichem Hintergrundwissen zum so ursprünglichen Naturidyll.

TIPP

Weiter zum Lottensee wandern und bei Sonja und Martin in der Lottenseehütte unvergesslich gut essen.

● Möserer See, Möserer Seeweg, 6100 Telfs

Wintersonnen-Rutsch

77 Essen und Rodeln auf der Mariandlalm

Ein Winterbesuch auf der Mariandlalm steht unter zwei Mottos: futtern und rutschen. Eigentlich sind es sogar drei, denn vorher heißt es noch wandern. Der Weg ist kurz, aber schön, führt durch Bergwald und über Almen und ist auch im Winter über die Forststraße gut zu gehen, jedenfalls hin zu. Auf dem Rückweg ist er vor allem gut zu rutschen, die ganze Forststraße ist von oben bis unten eine wunderbare Rodelstrecke. Wer nach der Almeinkehr also nicht laufen will – Schlitten mitnehmen! Wer keinen dabeihat, leiht sich bei den sympathischen Wirtsleuten, Christine und Stefan Exenberger, einen „Klumper". Der sieht ein bisschen so aus wie er heißt, ist eine Art klumpiger Holzsitz mit einem einzelnen, kurzen Ski unten dran. Was sich zunächst wackelig anfühlt, geht umso leichter, je schneller der Klumper wird. Unten angelangt, die Rutschgeräte bitte am Ende des Weges deponieren, wo sie wieder abgeholt werden.

Und ganz ehrlich? Unter Umständen ist es geradezu ein Segen, sich nach dem Almbesuch einfach hinsetzen und ins Tal zurückrutschen zu können. Und zwar unter dem Umstand, dass man sich vorher auf der Mariandlalm so pappsatt gegessen hat, dass man sich eh nicht mehr rühren mag, was unbedingt zu empfehlen ist. Wegen der Kaspressknödel zum Beispiel, die üppig mit Käse gefüllt und außen so knusprig gebraten sind, dass sie sogar in der Suppe ewig nicht aufweichen. Oder wegen des Kaiserschmarrns, der so dick mit Puderzucker bestäubt ist wie die Almen ringsum mit Schnee. Am besten genießt man das alles auf der wunderbaren Sonnenterrasse, falls dort ein Platz frei ist, sie wird auch unter der Woche schnell voll. Wahrscheinlich wollen alle Kaiserschmarrn und Kaspressknödel futtern. In der Hütte sitzt es sich aber ebenfalls recht gemütlich, auch ohne Wintersonne. Die scheint umso schöner auf dem Rückweg, der hoffentlich ein Rückrutsch ist, weil man zum Laufen zu pappsatt gegessen ist.

● Mariandlalm, Almen 113, 6335 Almen, Tel. +43 (6 64) 3 50 44 17
www.mariandlalm.at

Erfrischende Sommer-Tour

78

Rundwanderung zu den Stuibenfällen und zurück

Achtung, Verwechslungsgefahr: In Tirol gibt es den Stuibenfall und die Stuibenfälle. Ersterer, in der Einzahl, rauscht im Ötztal in die Tiefe (Glücksort Nr. 40), Letztere aber, in grammatikalischer Mehrzahl, stürzen bei Reutte den Felsen hinab. Hier gibt es einen Rundwanderweg von rund eineinhalb Stunden, man kann sich aber auch viel länger Zeit nehmen, jedenfalls im Sommer, wenn an einigen Stellen gut baden oder am Wasser sitzen ist.

Ob man lieber links herum oder rechts herum geht, ist Typsache. Wer sich lieber zuerst ein bisschen anstrengt und sich „heiße Füße ins kalte Wasser tauchen", „in der Gumpe schwimmen" und „am malerischen Fluss sitzen" für den Schluss aufheben will, geht links herum und beginnt mit der langen Steigung und dem Höhenweg, von dem man aus einen wunderbaren Blick auf Burg Ehrenberg hat; passenderweise ist an einem besonders guten Burgblick-Platz eine Bank aufgestellt. Schließlich erreicht man die Plattform über dem Wasserfall, wirft beeindruckte Blicke hinunter, geht ein Stück bergab und schließlich immer am Fluss zurück, der sich hier sein mal sanftes, mal wildes Bett in den Fels gegraben hat. Wer lieber gleich die schönsten Seiten dieser Wanderung genießt, bringt den sportlichen Ehrgeiz für den Anstieg eben hinterher auf und hält sich erst mal rechts. Dann werden die Füße schon auf dem Hinweg gekühlt, und nach einer halben Stunde Fußweg ist bereits der hohe Wasserfall mit den beschwimmbaren Gumpen erreicht. Im Winter bleibt nur diese Option, dann ist der Höhenweg aus Sicherheitsgründen gesperrt.

TIPP

Die Stuibenfälle sind für Canyoning-Neulinge gut geeignet. Anbieter ist Canyoning-Tour-Allgäu.

Ganz unersättliche Wanderer haben auch noch die Möglichkeit, bis zum Plansee weiterzulaufen. An der engsten Stelle zwischen Kleinem Plansee, der zuerst kommt, und dem eigentlichen Plansee überquert man eine hübsche Holzbrücke und läuft den anderen Weg zurück. Ob große oder kleine Runde: Es ist eine wunderbare Tour, an heißen Tagen mit erfrischenden Bademöglichkeiten.

● Stuibenfälle, Parkplatz: bei den Umspannwerken der Elektrizitätswerke Reutte hinter den Produktionshallen des Metallwerk Plansee, 6600 Breitenwang

In der Gin-Gruft

79 Gepflegt trinken im Stollen 1930 in Kufstein

Im Herzen von Kufstein in einer schmalen Gasse liegt gegenüber dem Gasthaus Auracher Löchl, zu dem er auch gehört, der Stollen 1930. Gleich beim Betreten wird offensichtlich, dass es sich um einen besonderen Ort handelt, in den sehr viel Kreativität und ein wenig Verrücktheit geflossen sind. Alkohol tat das hier auch schon in rauen Mengen, und tut es weiterhin: fließen. Aus unzähligen Flaschen in unzählige Kehlen. Davon kündet bereits der höhlenartige Eingangsbereich mit den bunt beleuchteten Glasflaschen an den Wänden. Es geht vor allem um eine Sorte: Gin. Aber von wegen eine Sorte! Über 850 verschiedene Gin-Sorten aus zig Ländern und Regionen werden hier auf Eis gegossen, mit Tonic gemischt, in Cocktails gemixt. Wer von Gin gar nichts weiß, nichts über seine lange Geschichte, seine Herstellungsweisen, nichts vom wilden Wacholder und nichts von den „Botanicals" zur Verfeinerung des Aromas, der kann sich hier weiterbilden.

Wenn man also den schummrigen Eingang zur Bar durchschritten hat, betritt man das, man kann es nicht anders sagen, Gin-Gemach. Und steht und staunt. Die Kristalllüster, die Kerzen, die hohen Barhocker mit Lederbezug, die samtenen Sessel mit den abgesteppten Knöpfen, die glänzenden Rohre an der Decke, die schimmernden Flaschen in allen Formen, Farben und Größen – das Hirn sucht nach einem treffenden Vergleich. Vielleicht der: wie die edle Partygruft eines Graf Dracula, der von Blut auf Hochprozentiges umgestiegen ist. Wer sich näher mit dem Thema – Gin, nicht Dracula – befassen will, kann an einem Gin-Tasting teilnehmen oder an einem Gin-Dinner mit einem Menü vom hervorragenden Auracher Löchl und sechs Gin-Kompositionen. Wer Gin nichts abgewinnen kann, findet zahlreiche Sorten Rum, Wodka, Whiskey und Absinth auf der Karte. Aber man muss Alkohol weder mögen noch vertragen, um diesen Ort gut zu finden, man kann auch gepflegt einen alkoholfreien Cocktail trinken, dem Barkeeper zuschauen, die einmalige Atmosphäre genießen und dabei glücklich nüchtern bleiben.

● Stollen 1930, Römerhofgasse 4, 6330 Kufstein, Tel. +43 (53 72) 6 21 38
www.auracher-loechl.at

Altstadtflair

80 Spaziergang durch Innsbruck zum Goldenen Dachl

Ein Besuch in Tirol ist nicht komplett ohne einen Besuch in der Landeshauptstadt. Und ein Besuch in der Landeshauptstadt ist nicht komplett ohne einen Besuch seines Wahrzeichens, das das Kunststück fertigbringt, eigentlich klein und unauffällig, dabei aber trotzdem besonders auffällig zu sein: das Goldene Dachl. Seit über 500 Jahren bedeckt es den Prunkerker der Habsburgerresidenz in der Altstadt mit genau 2657 vergoldeten Kupferschindeln, die sogar bei schlechtem Wetter vor sich hin leuchten.

Dem Dachl einen Besuch abzustatten ist beim Innsbruck-Besuch Pflicht, und nicht nur deshalb, weil es sozusagen als touristischer Klassiker im Reiseführer steht, sondern auch deshalb, weil man, um hinzukommen, durch die wunderbare Innsbrucker Altstadt mit ihrer weitläufigen Fußgängerzone schlendern darf. Und wer bei Fußgängerzone jetzt an die seelenlosen Shopketten-Ansammlungen aus Beton denkt, wie sie leider in vielen Städten zu finden sind, der war noch nicht hier: Historische Häuser aus verschiedensten Jahrhunderten, eins schöner als das andere, säumen die großzügigen Plätze und schmalen Gassen. Jedes hat eine andere Farbe und Fassade, die mal barock, mal gotisch ist, mal erkergeschmückt oder bemalt oder stuckverziert, mal mit einem altmodisch verschnörkelten Geschäftsschild versehen oder mit Fensterläden oder Geranien vor dem Sims. Im Erdgeschoss finden alle Kauflustigen zahlreiche Läden und Geschäfte, alle Hungrigen, Durstigen und müde Gelaufenen zahlreiche Gaststätten und Cafés für die Pause im Herzen Innsbrucks. Mittendrin ragt der fast 600 Jahre alte gotische Stadtturm empor, strotzen die Hofburg und der barocke Dom zu St. Jakob mit den denkmalgeschützten Bürgerhäusern in puncto Pracht um die Wette. Alle drei können besichtigt werden, wobei der Stadtturm eher bestiegen als besichtigt wird. Nach 133 Stufen ist man oben, kann dem Dachl aufs Dach und über ganz Innsbruck bis zur Bergisel Schanze schauen.

TIPP

In der Pfarrgasse hinter dem Goldenen Dachl befindet sich das hochgelobte Weinlokal Culinarium.

● Goldenes Dachl, Herzog-Friedrich-Straße 15, 6020 Innsbruck

arko

Bibliografische Informationen der Deutschen Nationalbibliothek
Die Deutsche Nationalbibliothek verzeichnet diese Publikation in der Deutschen Nationalbibliografie; detaillierte bibliografische Daten sind im Internet über http://dnb.d-nb.de abrufbar.

Konzeption/Satz: Droste Verlag, Düsseldorf
Einbandgestaltung und Illustrationen: Britta Rungwerth, Düsseldorf, unter Verwendung von Bildern von © Fotolia.com: jd - photodesign.de; © iStock: Plociennik Robert
Fotos: Gundi Herget, außer:
S. 49: Swarovski Kristallwelten; S. 69: www.steinoel.at; S. 97: AQUA DOME; S. 105: Olympiaregion Seefeld; S. 117: Museum im Grünen Haus Reutte; S. 119: TVB Wipptal; S. 125 Sennhütte; S. 151: Irmgard Öttl/TirolWest; S. 155: Pixabay (ArmbrustAnna); S. 167: Innsbruck Tourismus / Christof Lackner

MIX
Papier aus verantwortungsvollen Quellen
FSC® C011279
FSC
www.fsc.org

Druck und Bindung: LUC GmbH, Greven
ISBN 978-3-7700-2311-0

www.droste-verlag.de